[redacted]

滄海叢刊

詩中的李白

楊慧傑 著

1988

東大圖書公司印行

李白像

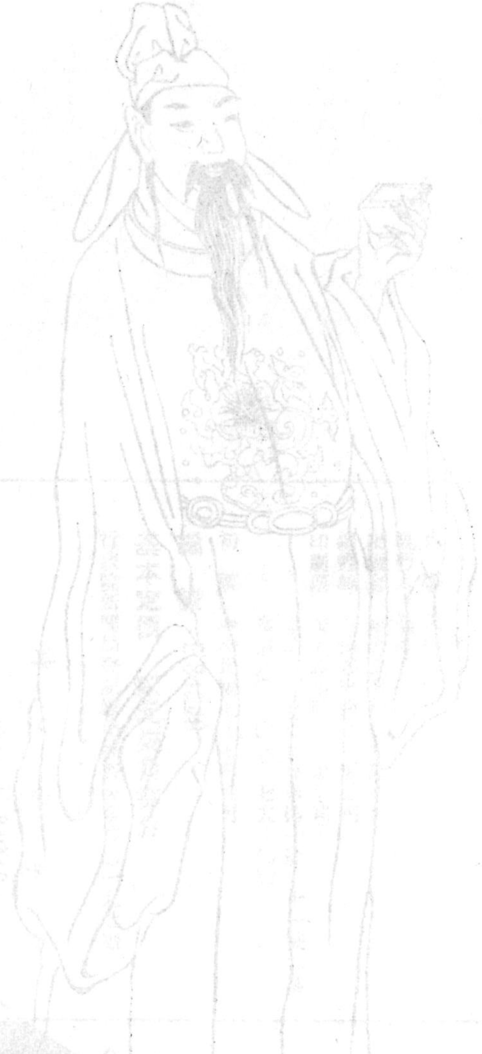

自序

我寫這本小書的動機，是因李白有遭人誤解之處，使我多年來內心感到不平，故決意在李白詩篇中，尋索佐證，為之辯解，希望今後學界對李白重新做歷史定位時，多少有些幫助。

李、杜為我國唐代兩大詩人，如分期言，初盛唐合為一期，以李白為中心；中、晚、唐合為一期，以杜甫為中心；即初唐至天寶前為李白時代，天寶後至晚唐為杜甫時代。二人在詩的藝術造詣上皆達頂峯，世稱李白為「詩仙」、杜甫為「詩聖」，「仙」蓋言其以才情見長，「聖」則言其以功力優勝，故陶開虞云：「以天分勝者近李，以學力勝者近杜，學者各自審然可也。」（《說杜》）雖各有優勝，然文學成就實難分軒輊，如嚴羽云：「李、杜二公，正不當優劣，太白有一二妙處，子美不能道，子美有一二妙處，太白不能作。子美不能為太白之飄逸，太白不能為子美之沉鬱。太白之《夢遊天姥吟留別》、《遠別離》等，子美不能道。子美之《北征》、《兵車行》、《垂老別》等，太白不能作。論詩以李、杜為準，挾天子以令諸侯也。少陵詩法如孫、吳，李白詩法如李廣。」（《滄浪詩話》）嚴氏之評論，頗為中肯獨到，但似乎並未受到普遍重視。因此李白在中國文學史上的地位，在一般的印象中，似乎總是不及杜甫。

以我長期教學之經驗為例，不論是中學與大學的國文課本，皆有詩選部份，李白詩亦多被選入，惟每當討論選授那幾首詩時，幾無人提議教李白詩，常不約而同的傾向於杜詩，這種傾向或有其他的原因，但我總覺得是受歷來「文以載道」論者評價之影響。

因此，我認為李白是一位被誤解之詩人，一般一知半解者都以為李白缺民族國家觀念，甚至文評家亦不能免，如羅大經云：「太白當王室多難，海宇橫潰之日，作為歌詠，不過豪俠使氣，狂醉於花月之間耳，社會蒼生，曾不繫其心膂。」（《鶴玉露》）又如《捫虱新話》：「荊公論李、杜、韓、歐四家詩，而以歐公居太白之上。曰：李白詩詞迅快，無疏脫處，然其識汚下，十句九句言婦人酒耳。」王琦則綜合二家之說：「毀之者，謂十章之詩，言婦人與酒者有九，而議其人品汚下；又謂其當王室多難，海宇橫潰之日，作為歌詩，不過豪俠任氣，狂醉花月之間，視杜少陵之憂國憂民，不可同日而語。」（《李太白文集跋》）

事實究竟如何？我們翻開李白全集仔細讀一讀，則知所謂「言婦人與酒者九」之言，絕非事實。可是這類評論，以訛傳訛，深入人心，嚴重影響了李白的形象。李白是個天才詩人，生活上自不免有浪漫的一面，但以聖賢標準去看一個天才詩人是不相干的。

李白詩中不乏儒家思想之成分，對於英雄豪傑，仁人君子，亦非常仰慕。例如對信陵君他就很佩服《博平鄭太守自廬山千里相尋入江夏北市門見訪却之武陵立馬贈別》嘗云：「若無三千客，誰道信陵君？救趙復存魏，英威天下聞。」戰國末期魏公子無忌（信陵君），

《史記》太史公稱其「仁而下士」。司馬遷作列傳，描述他的偉大：當他被秦國奸細造謠，離間他與兄長（魏安釐王）時，從不辯白，結果其兄懷疑無忌不忠於己，免去其上將軍之職。因魏公子本性仁厚，不表心迹，不圖報復，惟感到寃屈，致內心痛苦無法抒解，因而借酒消愁，苟且偷生，等於慢性自毀《信陵君列傳》載：「與賓客為長夜飲，飲醇酒，多近女色。日夜為樂飲者四歲，竟病酒而卒。」能因此說他是酒色之徒？李白亦有類似遭遇，除屢受挫折外，還有難伸之寃屈，故常借酒消憂。似未有人批評信陵君為酒色之徒，何以獨對李白如此苛責？

李白本有志用世，期望做重臣，輔佐天子，「濟蒼生，安社稷」，但當他一再遭到打擊，便心灰意冷，苦痛不堪，遂作詩以為寄托，且借酒澆愁，六十一歲時，以抱病之軀，仍有赴李光弼軍之舉，誠魏武帝所謂：「烈士暮年，壯心不已。」孰能謂其無社會蒼生之念？

無論是一個思想家、哲學家、文學家、詩人，都是時代之代言人，也是時代之畫工，皆在刻畫此時代之種種，李、杜亦不例外，他們既受時代之影響，也反映了時代，而二人之時代背景有差異，所以反映之內涵亦不同。李白長杜甫十一歲，李白五十五歲時，安史叛亂，李白之作品多完成在安史亂前，那時唐代國勢稱平，國家統一，人民未受戰亂之苦，乃有所謂「開元之治」之美譽。且李白早年家庭富有，生活優閒，遊山玩水，吟風弄月，放情詩酒，此為家庭與時代環境所使然，不足為怪。

杜甫創作多在安史亂後，戰亂頻繁，民不聊生，流離失所，這都是他親身遭受到的。杜家又窮苦，連寄居在陝西奉先之幼子都給餓死。二者之環境迥然不同，詩中表達之趨向自必有異，然並不因此而影響二人之造詣，更不應因此而影響到對二人之評價。

我寫這本書，除為李白抱不平之外，也希望後學多就李白之詩了解李白。太白各方面可信之考據不多，是以異說紛紜，要想了解真正的李白，必須從其詩中去探索，方不致失去其真正之面貌。平日教書生活繁忙，匆率脫稿，多未如意，疏漏之處，祈盼先進學者郢政。

楊慧傑序于民國七十七年

初春西湖園別墅

目次

一、李白的國籍與出生地

李太白如天空飄降的仙人，其身世撲朔迷離，無所考證，正史《舊唐書》與《新唐書》有《李白傳》，亦有關於李白身世之資料、傳說。大抵推想的成分居多。由於李白是天才絕高之詩人，吸引人研究他。但於研究者很多疑問，尋不到答案。唯有照情理去推測，關於他的國籍就有人懷疑，異說紛紜。如要了解他究竟是何許人？只有看他自己的自述，或與他最親近人的介紹才比較可靠。見下面他的詩：

《贈張鎬》二首

本家隴西人，先為漢邊將。功略蓋天地，名飛青雲上。

李太白他承認是中國人，生在隴西。清王琦的《李白年譜》記載：「李白出生於唐長安則天武后元年（公元七〇一年）。因其母夢長庚（金星，太白星）之後而生李白，所以取名曰白，自稱青蓮居士，認爲他生在四川。說他是蜀人是有原因的，白五歲自隴西回到四川廣漢，迄於廿五歲，始離開四川，白六十二歲逝世，一生的三分之一的歲月，是在四川度過的，說四川是白的第二故鄉則可。是生長地則無根據。

《上安州裴長史書》

白本家金陵，世為右姓，遭沮渠蒙遜難，奔流咸秦，因官寓家，少長於江漢。

如李白講的金陵，是江蘇南京，遭逢沮渠蒙遜難之說，就解不通，沮渠蒙遜是匈奴的酋長，何以在南京發生這件事，所謂金陵，證明不是南京。隴西就是甘肅，他所說的金陵可能是蘭州內的金城，蘭州屬於甘肅。金陵可能是金城之誤，若推測的正確，白就是隴西人，隴西是甘肅之別名。

舊唐書記載他是山東人，杜工部墓誌銘亦稱白是山東人。此說全無根據。可能是因太白前後到山東兩次，第一次是在開元二十三年（七三五）年，第二次是天寶三年（七四四），是李白求仙學劍的地方，居住的時間亦長，可以說是他第三故鄉。根據李陽冰的：

《草堂集序》

李白，字太白。隴西成紀人，涼武昭王暠九世孫，蟬聯珪組，世為顯著。中葉非罪，謫居條支，易姓與名。然自窮蟬至舜，五世為庶，累世不大曜，亦可嘆焉。神龍之始，逃歸於蜀，復指李樹而生伯陽。

李陽冰為李白之從叔，陽冰講的最可靠，李白病重時投靠陽冰，當時李陽冰任當塗的縣令，白並請陽冰爲他最後的詩稿寫序。此序卽根據太白之意寫的。再見范傳正的墓碑，錄於下：

《唐左拾遺翰林學士李公新墓碑幷序》

公名白，字太白，其先隴西成紀人。絕嗣之家，難求譜牒，公之孫女搜於箱篋中，得公之亡子伯禽手疏十數行，紙壞字缺，不能詳備。約而計之，涼武昭王九代孫也。隋末多難，一房被竄於碎葉，流離散落，隱易姓名。故白國朝已來，漏於屬籍。神龍初，潛還廣漢，因僑為郡人。

范傳正是李白之友范倫之子。與李白經常在一起，李白死前仍未離開，范傳正與李陽冰二人所記載都相同。足見他們的記載是可信的，但仍有疑問，范記李白先祖在隋末得罪被謫，與唐代皇帝爲同宗。如李白的先祖在隋末得罪被謫，到唐神龍初，已經改朝換代，應無所顧忌的回來，何必講「逃歸」，「潛返」。證實其先祖「得罪」，「被謫」時代，非隋末，推測唐初可能性大。因唐初宗室之王孫遭逢過兩次大難。㈠是唐太宗時之「玄武門之變」。或其先祖是出於建成、或元吉。㈡是武后時之「諸王起兵」，都發生過悲慘之殺戮放逐事情，李白既是涼武昭王李暠之九世孫，與唐室有密切之血統關係，其祖先自然是王孫皇室，還有一個有力的證據，就是「謫居條支」，隋末尚無條支此地名，條支是龍朔（唐高宗公元六六一年）元年所設置，證明是在唐初被放逐，比較合實際情況。李白的儀表不凡，骨格清奇，非一般貧賤家庭出身，當是名門貴族子弟。

根據李白的自述，及李陽冰、范傳正都說他隴西成紀人，我們再進一步，探索他的先人，李白在贈張相鎬詩中云：「先爲漢邊將，功略蓋天地，名飛青雲上。」忖度語氣似指李廣，李廣是隴西人，涼武昭王暠，是李廣的十六代孫，李白又是涼武昭王李暠第九代孫，據此很顯明李白是李廣之後代。李廣就是隴西成紀人，漢文帝時以打匈奴有功，爲郎騎常侍。武帝時爲北平太守，猨臂善射，匈奴畏之。號飛將軍。

二、李白的家庭

李白的父親

李白的家屬，也是有不同的說法：有人說李白的父親是富商，這是從他富有方面推想，一個富商子弟，能專心修治諸子百家，思想及練武？可能性不大。雖唐代對商人不以士、農、工、商地位評價，而由商人出仕者例子甚少。再看李白氣宇不凡，倜儻不羣，恐非商人家庭培育出來的青年。

李白離四川後，很少提及家人，自離蜀後沒再回去過，他的詩篇有懷念四川之作品很多，但從不提家人，他不坦白說明家世，必有其難言之隱。根據范傳正的新墓碑中說：「神龍初潛回四川廣漢，因僑為郡人。父客以逋其邑，遂以客為名。高臥雲林，不求祿仕。」據此，李客非其本名，必另有其名，恐報原名，引出事端。更證明其父是貴族。李客富有不凡，才可高臥雲林，不出仕，推測其父或為健成或為元吉之一支，很有可能性。

李白的母親，根本無資料可稽考，有人推想是胡人，我認為可能性極大。原因有三：㈠李白五歲回四川廣漢，五歲前無任何事迹可考。㈡李白蓄文熟練，何時學的？何人教授的？如果白生在隴西，母親是胡人，可能就是他外祖父母或母親或父親所授。那末李白便是胡、漢的混血兒。㈢李白之祖先自「謫居條支」到潛還四川廣漢前後已經過兩三代，其父與胡人結婚，一點不足怪。

李白的弟妹

《萬憤詞投魏郎中》李白詩

李白說：「兄九江兮弟三峽，悲羽化之難齊。」此首是在潯陽獄中寫的。再見李白的：

> 《送舍弟》
>
> 吾家白額駒，遠別臨東道。他日相思一夢君，應得池塘生春草。

李白不聞有母弟，此或指從弟，白從弟甚多，不知指那一位。李白亦有妹，名曰月圓，不知嫁給何人？只根據《彰明遺事記》：「太白之妹月圓，嫁於鄉，葬於縣西小丘上。」只知其有一妹，其他一無所知。

李白的妻子

魏顥在《李翰林集序》：

> 白始娶于許，生一女，一子曰明月奴，女旣嫁而卒，又合于劉，劉訣。又合于魯一婦人，生子曰頗黎。終娶于宋。

宋字是宗之誤，宗是宗楚客之孫女。有「竄夜郎于烏江留別宗十六」一詩為證。根據魏顥之統計白共娶四妻。

第一位夫人，許是安陵許圉師之孫女，許欽明之女，許圉師在龍朔年間任左相，當年李白一再美稱之「相門之女」，李白有五首寄內詩，如：

《送內尋廬山女道士李騰空》二首

君尋騰空子，應到碧山家。水舂雲母碓，風掃石楠花。若愛幽居好，相邀弄紫霞。多君相門女，學道愛神仙。素手掬青靄，羅衣曳紫煙。一往屏風疊，乘鸞着玉鞭。

此首似是寫於第一任妻子許氏的。詩中有「多君相門女」之句。且許氏始終追隨於白身邊，並熱心道教。

李白的子女

李白最喜愛的女兒，是第三任魯夫人所生的平陽，男孩是伯禽（頗黎），平陽是姐姐，伯禽是弟弟，後來范傳正所訪的李白二孫女，即伯禽所生，伯禽、平陽一直住在東魯：

《寄東魯二稚子》李白詩：

吳地桑葉綠，吳蠶已三眠。我家寄東魯，誰種龜陰田？春事已不及，江行復茫然。南風吹歸心，飛墮酒樓前。樓東一株桃，枝葉拂青烟。此樹我所種，別來向三年，桃今與樓齊，我行尚未旋。嬌女字平陽，折花倚桃邊。折花不見我，淚下如流泉。小兒名伯禽，與姊亦齊肩。雙行桃樹下，撫背復誰憐？念此失次第。肝腸日憂煎。裂素寫遠意，因之汶陽川。

《送蕭三十一之魯中兼問稚子伯禽》李白的詩：

六月南風吹白沙，吳牛喘月氣成霞。水國鬱蒸不可處，時炎道遠無行車。夫子如何涉江路，雲帆嫋嫋金陵去。高堂倚門望伯魚，魯中正是趨庭處。我家寄在沙丘傍，三年不歸空斷腸。君行既識伯禽子，應駕小車騎白羊。

由詩中可知白思念子女之深情。他並非到處流浪，忘了家庭妻子兒女。他內心仍有所追求，才到處奔忙。

三、李白的遊蹤

李白經常外出遊歷，但在二十五歲前，範圍未離蜀地，廿四歲時曾遊四川的成都、峨眉、渝州。離開蜀後，遍遊全國。遊歷時間，長達十六年之久。西至湖北省江陵，南至廣西省蒼梧，東至浙江省會稽，北達山西省太原。範圍甚廣，包括湖北、湖南、江西、安徽、浙江、山西、山東各省，中國東南半壁之主要地方皆有其足跡。遊成都、峨眉、渝州時有詩，如：

《峨眉山月歌》

峨眉山月半輪秋，影入平羌江水流。夜發清溪向三峽，思君不見下渝州。

王士禎曰：此是太白佳境。二十八字，把峨眉山、平羌江、清溪、三峽、渝州，貫串於遊思之中，足見詩藝之高。

開元十三年（七二五）李白二十五歲，春三月出三峽，經巫山，再過荊門到湖北江陵。見李白詩：

《渡荊門送別》

渡遠荊門外，來從楚國遊。山隨平野盡，江入大荒流。月下飛天鏡，雲生結海樓。仍憐故鄉水，萬里送行舟。

李白在江陵遇見道士司馬承禎，他是唐時道教大師，中宗聞其名，召至都一降手敕以讚之。睿宗時又召其入京，問以陰陽術數之事，玄宗開元九年又遣使迎進京，親授法籙。後來太白沉迷於道教，蓋嘗受其影響。

開元十四年（七二六年）李白二十六歲，春天往揚州，見李白詩於下：

《夜下征虜亭》

船下廣陵去，月明征虜亭。山花如繡頰，江火似流螢。

李白交遊頗廣，輕財好施，在揚州不到一年，揮金三十餘萬。每聞有落魄公子事，即往救之。與友吳指南月遊於楚，不幸指南病逝於洞庭湖畔。李白痛苦如家人喪亡，爲其服喪，慟哭，悲泣至淚乾出血，待指南埋葬後，始往金陵。

開元十五年，李白二十七歲，到安陸（湖北）住壽山，此處之生活較安定，他以安陸爲中心居住十年之久。在此期間，李白欲以縱橫之術，謀爲帝王輔弼，濟蒼生，安社稷，然後功成隱退，重返自然，此乃其一生理想。

於安陸曾與郡督馬公交遊，馬公稱讚李白：「李白之文，清雄奔放，名章俊語，絡繹間起。光明洞徹，句句動人。」

開元十六年（七二八）李白二十八歲，初春遊江夏（湖北武漢市），遇孟浩然，孟氏乃一隱士，過著飲酒賦詩的悠閒生活，很合李白的生活理想，因而他們成了至交，有詩送孟浩然，見：

《黃鶴樓送孟浩然之廣陵》

故人西辭黃鶴樓，烟花三月下揚州。孤帆遠影碧空盡，惟見長江天際流。

此詩是一首膾炙人口的名作，讀詩者都會背誦。

開元十七年（七二九）李白二十九歲，在安陸又遇見元丹丘，他們在來安陸之前卽已相識，丹丘愛神仙，亦隱士型，見李白詩於下：

《題元丹丘山居》

故人棲東山，自愛邱壑美，青春臥空林，白日猶不起。松風清襟袖，石潭洗心耳。羨君無紛喧，高枕碧霞裏。

元丹丘與李白生活態度相似，故結爲至友，是李白一生最親密之道友，前後交遊二十餘載，所受丹丘之影響，較吳筠爲深。

開元十八年（七三〇年）李白三十歲，仍在安陸，前後有十年之久。見李白詩：

《上安州裴長史書》

常橫經籍書，制作不倦，迄于今三十春矣。以為士生則桑弧蓬矢，射手四方，故知大丈夫必有四方之志。

李白曾多次想謁見裴長史，因遭人讒謗，影響其令譽，故上書自白，未爲裴長史信服，終拒與之會面，遂有再入長安之意。

開元十九年（七三一）李白三十一歲，春天離坊州返長安，仍居住終南山。見李白詩：

《留別王司馬嵩》

魯連賣談笑，豈是顧千金？陶朱雖相越，本有五湖心。

此時李白窮愁潦倒，自暴自棄，與長安市井不良少年浪遊。在長安浪遊期間，曾有北門之厄，與長安市井少年發生鬥毆，寡不敵衆，幸爲友人陸調解救，見其詩：

《敍舊遊贈江陽宰陸調》

風流少年時，京洛事遊遨，腰間延陵劍，玉帶明珠袍。我昔鬥雞徒，連延五陵豪。邀遮相組織，呵嚇來煎熬。君開萬叢人，鞍馬皆辟易。告急清憲臺，脫余北門厄。

李白在長安所見所聞，多心有不平，益增感慨。初夏離開長安，泛黃河，經開封，到宋城（河南商邱縣）。作《梁園吟》。秋到嵩山，與元丹丘山居，此時已有出世之念。暮秋至洛陽，醉宿龍門，夜不能寐，作詩抒發，見李白詩：

《冬夜醉宿龍門覺起言志》

開軒聊直望，曉雪河冰壯。哀哀歌苦寒，鬱鬱獨惆悵。又云：去去淚滿襟，舉聲梁甫吟。青雲當自致，何必求知音！

讀此詩可知太白心境，孤獨煩惱，與《梁甫吟》詩中情景相似相接。

開元二十年（七三二）李白三十二歲，春在洛陽，見白詩：

《送梁公昌從信安王北征》

入幕推英選，捐書事遠戎。高談百戰術，鬱作萬夫雄。起舞蓮花劍，行歌明月宮，將飛天地陣，兵出塞垣通。祖席留丹景，征麾拂綵虹。旋應獻凱入，麟閣佇深功。

自春至夏，停留累月，見白詩於下：

《憶舊遊寄譙郡元參軍》

憶昔洛陽董糟丘，為余天津橋南造酒樓。黃金白璧買歌笑，一醉累月輕王侯。海內賢豪青雲客，就中與君心莫逆。迴山轉海不作難；傾情倒意無所惜。

因失意，暫不得歸去，於是流連此處，飲酒消愁，此時結交元參軍（元滿）又結識崔侍御。見白詩於下：

《贈崔侍御》

黃河三尺鯉，本在孟津居。點額不成龍，歸來伴凡魚，故人東海客，一見借吹噓。風濤儻相因，更欲凌崑墟。

至此時白在外有兩載，故有思安陸之情。秋天在洛陽別元演返安陸，回安陸途中再經南陽，結交崔宗之（崔郎中）見下面白詩：

《憶崔郎中宗之遊南陽遺吾孔子琴撫之潸然感舊》

昔在南陽城，惟餐獨山蕨。憶與崔宗之，白水弄素月，時過菊潭上，縱酒無休歇。泛此黃金花，頹然清歌發。

知道此時正當秋日。

開元二十一年（七三三）年，李白三十三歲，居安陸白兆山桃花岩。構石室，開山田，讀書，賦詩，彈琴，飲酒度日，似絕意不再入仕途。見白詩於下：

《安陸白兆山桃花巖寄劉侍御綰》

雲臥三十年，好閑復愛仙。蓬壺雖冥絕，鸞鳳心悠然。歸來桃花巖，得憩雲窗眠。對嶺人共語，飲潭猿相連。時昇翠微上，邈若羅浮巔。兩岑抱東壑；一嶂橫西天。樹雜日易隱，崖傾月難圓。芳草換野色，飛蘿搖春烟。入遠構石室，選幽開山田。獨此林下意，杳無區中緣。永辭霜臺客，千載方來旋。

李白是時已年過三十，「雲臥三十年」，是概數。李白一生，始終抱有經國濟民之大志，每當尋求政治出路失敗後，便產生出世念頭，此時即白自長安歸來後，心灰意冷，出世思想遂加濃。

開元二十二年（七三四年），李白三十四歲，春遊襄陽（湖北襄樊市）謁韓朝宗。見白詩於下：

《憶襄陽舊遊贈馬少府巨》

昔為大堤客，曾上山公樓。開窗碧嶂滿，拂鏡滄江流。高冠佩雄劍，長揖韓荊州。此地別夫子，今來思舊遊。朱顏君未老，白髮我先秋。壯志恐蹉跎，功名若雲浮。歸心結遠夢，落日懸春愁。空思羊叔子，墮淚峴山頭。

韓朝宗爲荊州長史，喜愛青年才俊，提拔後進。有：「生不願封美戶侯，但願一識韓荊州」之語。白請謁朝宗，當在其三十四歲時，白因爲在安陸，居住一年多，漸不堪山中孤寂生活，遂欲出遊，調節鬱悶，來到襄陽，期盼韓加以品題，能揚眉吐氣，激昂青雲，但未達願望，乃作《襄陽歌》，以抒失望與憤懣，見白詩於下：

《襄陽歌》

車旁側挂一壺酒，鳳笙龍管行相催。咸陽市中嘆黃犬，何如月下傾金罍？君不見！晉朝羊公一片石龜頭剝落生莓苔。淚亦不能為之墮，心亦不能為之哀。清風朗月不用一錢買，玉山自倒非人推。舒州杓，力士鐺，李白與爾同死生。襄王雲雨今安在？江水東流猿夜聲。

此詩李白敍及襄陽地方的古蹟，《襄陽歌》是太白的傑作之一；又是長篇，以酒解憂的李白，在這首詩中對酒的觀念有卓越的體驗。白在遊襄陽毫無所獲後，在秋冬間又回安陸。

開元二十三年（七三五），李白三十五歲，此時元演約遊太原（山西太原市南）見太白詩於下：

《憶舊遊寄譙郡元參軍》

君家嚴君勇貔虎，作尹幷州遏戎虜。五月相呼渡太行，摧輪不道羊腸苦。行來北涼歲月深，感君貴義輕黃金。

元參軍之父爲幷州守將，元往太原省親，約李太白同遊，此次遊歷甚愉快，在太原的作品如下：

《太原早秋》

歲落衆芳歇，時當大火流，霜威出塞早；雲色渡河秋。夢遶邊城月；心飛故國樓。思歸若汾水，無日不悠悠。

當時正是七月，他借用《豳風》《七月》的首句「七月流火」，七月時水星向西沈，天氣轉涼，太原的秋天撩起白無限的感觸，思念家裡的妻子。

開元二十四年（七三六）李白三十六歲，春仍在太原，不久到洛陽（河南洛陽市）遇見元丹丘，見白詩：

《聞丹丘子於城北營石門幽居中有高鳳遺迹僕《離羣遠懷亦有棲遁之志因敍舊以贈之》

春華滄江月，秋色碧海雲。離居盈寒暑，對此長思君。思君楚水南，望君淮山北。夢魂雖飛來，會面不可得。疇昔在嵩陽，同衾臥羲皇。綠蘿笑簪紱，丹壑賤巖廊。晚途各分析，乘興任所適。僕在雁門關，君為峨嵋客。心懸萬里外，影滯兩鄉隔。長劍復歸來，相逢洛陽陌。陌上何喧喧！都令心意煩。迷津覺路失，託勢隨風翻。以茲謝朝列，長嘯歸故園。

李白遊踪入河東道，一次在本年，一次在天寶十二年，第二次僅是經過。

開元二十五年（七三七年）李白三十七歲，四處旅遊歸來，仍閒居安陸，作《長歌行》對落魄的身世頗多感慨：

《長歌行》

功名不早著，竹帛將何宣？桃李務青春，誰能貫白日？富貴與神仙，蹉跎成兩失。金石猶銷鑠，風霜無久質。畏落日月後，强歡歌與酒、秋霜不惜人，倏忽侵蒲柳。

開元二十六年（七三八年）李白三十八歲。春天又遊南陽（河南南陽市），見李白詩於下：

《南都行》

南都信佳麗，武闕橫西關，白水真人居，萬商羅鄽闠，高樓對紫陌；甲第連青山。此地多英豪，邈然不可攀。陶朱與五羖，名播天壤間，麗華秀玉色，漢女嬌朱顏，清歌遏流雲，艷舞有餘閒。遨遊盛宛洛，冠蓋隨風還，走馬紅陽城，呼鷹白河灣。誰識臥龍客，長吟愁鬢斑？

感嘆己之才華。無人欣賞，亦不為人所知，瞻望前途茫茫，乃有「愁鬢斑」

之歎。

開元二十七年（七三九年），李白三十九歲，自春至初夏在安宜（江蘇寶應縣）見白詩於下：

《贈徐安宜》

遊子滯安邑，懷恩未忍辭。

太白受徐令招待，在此又停留甚久，將離去時，頗爲留戀不捨。再見李白詩於下：

《白田馬上聞鶯》

黃鸝啄紫椹，五月鳴桑枝，我行不記日，誤作陽春時。蠶老客未歸，白田已繰絲。驅馬又前去，捫心空自悲。

白田、安宜地名。詩首句「黃鸝啄紫椹，五月鳴桑枝。」說明時令。開元二十八年（七四〇年）李白四十歲，五月遷居東魯，寄居任城。任城唐屬袞州（魯郡）李太白遷移東魯原因，似爲許氏夫人逝世。兩年後，白南下江南時攜子女同行，寄住南陵（安徽南陵縣），此時竟欲在劍術上求深造，冀由此打出一條生路。

開元二十九年（七四一年），李白四十一歲，居東魯，與韓准、裴政、孔巢父、張叔明、陶沔等隱居於徂徠山（在兗州北部），酣歌縱酒，時號「竹溪六逸」，在山中學道，並與方士同遊，見白詩於下：

《送方士趙叟之東平》

長桑晚洞視，五藏無全牛。趙叟得祕訣，還從方士游。西過獲麟臺，為我弔孔丘。念別復懷古，潸然空淚流。

白與方士往來，追逐神仙的化境，這並不表示李白不關心國家人羣，可以說是李白獨特而複雜的性格的表現。

唐玄宗天寶元年（七四二）李白四十二歲，遊會稽，與道士吳筠居剡中。吳筠入朝推荐李白，奉詔入長安，任翰林供奉。

天寶元年四月遊泰山，李白共作詩六首。茲錄其中一首：

清曉騎白鹿，直上天門山。山際逢羽人，方瞳好容顏，捫蘿欲就語，却掩青雲關。遺我鳥跡書，飄然落巖間，其字乃上古，讀之了不閑。感此三嘆息，從師方未還。

夏天携子女南下，往遊越，途經下邳寄子女南陵，隻身往越中，見李白詩於下：

《南陵別兒童入京》

白酒新熟山中歸，黃雞啄黍秋正肥。呼童烹雞酌白酒，兒女嬉笑牽人衣。高歌取醉欲自慰，起舞落日爭光輝。遊說萬乘苦不早，著鞭跨馬涉遠道。會稽愚婦輕買臣，余亦辭家西入秦。仰天大笑出門去，我輩豈是蓬蒿人？

玄宗召入京，遂反南陵。白於元年秋進宮，三年春出京，侍從遊溫泉當在前三年中。以詩中情緒推測，陪駕應在元年十月。

天寶二年（七四三年）李白四十三歲。待詔翰林，此時多陪從玄宗遊，初春，玄宗於宮中行樂，李白奉詔作「宮中行樂詞」。首稱旨，玄宗滿意賜宮錦袍；仲春，玄宗遊宜春苑，李太白奉詔作「龍池柳色初青，聽新鶯百囀歌」；暮春，玄宗與楊貴妃於興池賞牡丹，李白奉詔作「清平調」三首。

天寶三年（七四四年）李白四十四歲。正月送賀知章歸越，此時白自知不爲朝廷親信所容，於是在三月上書請歸，玄宗以其「非廊廟之器」賜金遣之。

天寶四年（七四五）李白四十五歲。四年春在任城，略置田產，並建酒樓，日夜沈迷於酒中，想係玄宗遺散費所置。

天寶五年，（七四六年）李白四十六歲春天遊魯郡（山東），見白詩於下：

《東魯門泛舟二首》

其一

日落沙明天倒開，波搖石動水縈迴。輕舟泛月尋溪轉，疑是山陰雪後來。

其二

水作青龍盤石隄，桃花夾岸魯門西。若教月下乘舟去，何啻風流到剡溪？

知道時間是春日，又知白又想往越中，白在任城臥病甚久。

天寶六年（七四七）李白四十七歲。

六年的春季，李白在揚州。見白詩於下：

《題瓜洲新河餞族叔舍人賁》

齊公鑿新河，萬古流不絕。豐功利生人，天地同朽滅。兩橋對雙閣，芳樹有行列。愛此如甘棠，誰云敢攀折？吳關倚此固，天險自茲設。海水落斗門，潮平見沙汭。我行送季父，弭棹徒流悅。楊花滿江來，疑是龍山雪。惜此林下興；
愴為山陽別。瞻望清路塵，歸來空寂蔑。

知此時正值暮春，離揚州時，作：

《留別廣陵諸公》

中回聖明顧，揮翰凌雲烟，騎虎不敢下，攀龍忽墮天。還家守清真，孤潔勵秋
蟬。煉丹費火石，採藥窮山川。

此詩讚揚開元良吏齊澣善政。

天寶七年，（七四八）李白四十八歲。

春天在金陵，以寶劍換酒，餞行從甥高鎮，作詩大抒抑鬱，如：

《醉後贈從甥高鎮》

……江東風光不借人，枉殺落花空自春……且將換酒與君醉，酒歸托宿吳專諸。

知作於暮春，在吳地金陵。

夏天又到揚州江陽縣訪友陸調。如：

《敍舊遊贈江陽宰陸調》

江北荷花開，江南楊梅鮮。挂席候海色，乘風下長川。多酤新豐醁，滿載剡溪船。中途不遇人，直到爾門前。

此證明白自金陵泛舟到江陽。

秋天又西遊霍山（霍山，又名天柱山，在壽州六安縣南五里）次年又遊廬山，時賦：

《題嵩山逸人元丹丘山居》

……責緣汎潮海，偃蹇陟盧霍。憑雷躡天窗，弄景憩霞閣。且欣登眺美，頗愜隱淪諾。三山曠幽期，四岳聊所託，故人契嵩潁，高義炳丹雘……。

由此詩知李白遊過霍山。

天寶八年（七四九）李白四十九歲。

春回金陵，聞王昌齡遠謫黔中，作詩寄之。見白詩如下：

《聞王昌齡左遷龍標遙有此寄》

楊花落盡子規啼，聞道龍標過五溪。我寄愁心與明月，隨風直到夜郎西。

王昌齡貶龍標，究在何年何月，史無記錄，詹「譜」與譚優學《王昌齡行年考》皆記此詩於此年，姑且從之。李白在金陵，頗思念子女，春作：

寄東魯二稚子

南風吹歸心，飛墮酒樓前。樓東一株桃，枝葉拂青烟。此樹我所種，別來向三年。桃今與樓齊，我行尚未旋。

讀此詩，知李白懷念家人的心情是如此之深切。

白自天寶五年秋南遊，至是年夏，相近三年。天寶九年（七五〇）李白五十歲。春天在金陵，五月之廬山，見：

《留別金陵諸公》

五月金陵西，祖余白下亭。欲尋廬峰頂，先繞漢水行。

此處漢水指長江，再見：

《金陵白下亭留別》

驛亭三楊樹，正當白下門。吳烟瞑長條，漢水齧古根。向來送行處，迴首阻笑言。別後若見之，為余一攀翻。

此時元丹丘自嵩山來函邀李白往遊。見《題嵩山逸人元丹丘山居並序》前面曾錄。

天寶十年（七五一）李白五十一歲。

春住任城，作詩以證之。

《憶舊遊寄譙郡元參軍》，前面嘗錄不再重錄，從中知此時是暮春，子女陪伴身邊，是白住任城家中，此段時間，頗享天倫之樂。

天寶十一年（七五二）李白五十二歲。

北上金中，遊廣平郡（卽洺州），見詩：

《贈臨洺縣令皓弟》

陶令去彭澤，茫然太古心，大音自成曲，但奏無絃琴。釣水路非遠，連鼇意何深？終期龍伯國，與爾相招尋。

臨洺，屬廣平郡。

李白自開封首途，此時正值秋日，其遊邯鄲、清漳等處，皆有詩。如：《贈清漳明府侄聿》、《邯鄲登城樓覽古書懷》、《登邯鄲洪波臺置酒觀發兵》等詩。

天寶十二年（七五三）李白五十三歲。

初春自范陽郡（幽州）南返至魏郡（魏州），此時韋良宰任職於此，太白在韋處宴遊多日，直至韋返咸陽時，見白詩於下：

《憶舊遊贈江夏韋太守良宰》

蹉跎不得意，驅馬過貴鄉。逢君聽弦歌，肅穆坐華堂……開筵列壺觴。賢豪間青娥，對燭儼成行。醉舞紛倚席，清歌繞飛梁。歡娛未終朝，秩滿歸咸陽。

天寶十三年（七五四）李白五十四歲。

春遊金陽，遊南陵，遊秋浦，有詩多首如：《秋浦歌十七首》、《贈崔秋浦三首》、《贈秋浦柳少府》等。

天寶十四年（七五五）李白五十五歲。

夏遊當塗。見《夏日陪司馬武公與群賢宴姑熟序》。秋天又回秋浦，因思念宗氏心切，冬天返宣城。

唐肅宗至德元年（七五六）李白五十六歲。

春攜宗氏南奔，賦詩：

《奔亡道中》五首，前面曾錄，不再重複，春在當塗。聞玄宗將親征安祿山，甚喜。旋悉洛陽淪陷，中原崩潰，立自當塗返宣城，避難剡中。歲暮，永王璘辟書數至。白幾經考慮，終決定入幕。

至德二年（七五七）李白五十七歲。

春正月，下山入永王軍幕，永王璘戰敗於江蘇丹陽，白自丹陽向南逃。見：

《南奔書懷》

主將動讒疑，王師忽離叛。賓御如浮雲，從風各消散。過江誓流水，志在清中原。拔劍擊前柱，悲歌難重論。

白滿懷報國之心，遭此變化之局勢，壯志如付東流，報國未成，反成叛逆，是非難辯，無處申訴，故悲憤至極。其實李白在永王璘幕中，僅月餘耳。而又西奔至舒州，避於太湖縣之司空山（此地南距潯陽約百里），此時正是春天，遭此變亂後，心灰意冷，欲將晚年寄托於仙道，未久陷入潯陽獄中。屢次上書申辯求助。賦詩請江南宣慰使崔渙，後來崔渙與御史中丞宋若思爲白推覆洗雪，秋天獲自由。宋若思召白爲參謀，並上書薦可用，見：

《中丞宋公以吳兵三千赴河南軍次潯陽脫余之囚參謀幕府因贈之》

獨坐清天下，專征出海隅。九江皆渡虎，三郡盡還珠。組練明秋浦，樓船入郢都。風高初選將；月滿欲平胡。殺氣橫千里；軍聲動九區。白猿慙劍術；黃石借兵符。戎虜行當翦；鯨鯢立可誅。自憐非劇孟，何以佐良圖？

在宋若思幕中，掌文書事務。並隨宋若思往武昌一行。

九月，臥病宿松（安徽宿松縣）嘗兩次贈詩張鎬求援，見：

《贈張相鎬》二首

其一

一生欲報主，百代期榮親。其事竟不就，哀哉難重陳。臥病宿松山，蒼茫空四鄰。風雲激壯志，枯槁驚常倫。

其二

撫劍夜吟嘯，雄心日千里。誓欲斬鯨鯢，澄清洛陽水。

肅宗乾元元年（七五八）李白五十八歲。

白以從璘事流放夜郎，自潯陽起程，見：

《流夜郎，永華寺寄潯陽群官》

朝別凌烟樓，暝投永華寺。

與其妻宗氏別，作詩如下：

《雙燕離》

雙燕復雙燕，雙燕令人羨。玉樓珠閣不獨棲，金窗繡戶長相見。柏梁失火去，因入吴王宮。吴宮又焚蕩，雛盡巢亦空。憔悴一身在，孀雌憶故雄。雙燕難再得，傷我寸心中。

此番別離純由永王璘兵敗所致。

其妻弟宗璟伴送白至烏江，白作詩留別。如：

《竄夜郎於烏江留別宗十六璟》

皇恩雪憤懣，松柏含榮滋。我非東牀人，令姊忝齊眉。浪跡未出世，空名動京師。適遭雲羅解，翻謫夜郎悲。

在流放途中，行至西塞驛，此時是春暮夏初。五月，行至江夏，見白詩於下：

《張相公出鎭荊州》

張相公出鎮荊州，尋除太子詹事。余時流夜郎，行至江夏，與張公相去千里。

在江夏逗留，訪李邕故居，八月，在沔洲漢陽縣遊南湖。

乾元二年（七五九）李白五十九歲。

春天在流放途中，作詩寄其妻，錄於下：

《南流夜郎寄內》

夜郎天外怨離居，明月樓中音信疏。北雁春歸看欲盡，南來不得豫章書。

李白在流放中，妻宗氏在父母家豫章，此詩與其妻，此時正是春末，三月到白帝遇赦，欣喜異常，沿揚子江而下，返回江陵。

肅宗上元元年（七六〇）李白六十歲。春回洞庭，未久又返江夏，皆有詩，見下：

《春滯沅湘有懷山中》

沅湘春色還，風暖烟草綠。古人傷心人，於此腸斷續。予非懷沙客，但美採菱曲。所願歸東山，寸心於此足。

據王琦注，沅、湘二水皆經岳州而入大江，故後人以沅、湘爲岳州之異稱。

《早春寄王漢陽》

聞道春還未相識，走傍寒梅訪消息。昨夜東風入武昌，陌頭楊柳黃金色。碧水浩浩雲茫茫，美人不來空斷腸。預拂青山一片石，與君連日醉壺觴。

此詩當是李白自岳州返至武昌時作，秋間又到尋陽，再登廬山。決意遊仙學道，以度餘生。冬天在建昌（屬洪州豫章郡），歲末，居豫章。

上元二年（七六一），李白六十一歲。流落江南，無處可歸，在金陵（江蘇）一帶，靠借貸維持生活。太白宿懷報國之願，至此全成幻夢，一生歷盡挫折，飽嘗辛酸，有志未伸，每遭摧折後，情緒就消沉低落，但內心爲國效力之熱情仍在激動，迄於晚年，以抱病之軀，遂有赴李光弼軍中之舉，誠可謂烈士暮年，壯志依然，令人悲歎！

寶應元年（七六二），李白六十二歲。初春在當塗，因病在此休養。見白詩於下：

《遊謝氏山亭》

淪老臥江海，再歡天地清。病閑久寂寞，歲物徒芬榮。

此時白知安、史亂近尾聲，太白在此養病，有子女奉侍，是最感溫暖的一段時光，也是他垂暮最難得的一段歲月。暮春，他閒不住，又出遊，三月至宣城，這已是他最後一次出遊。見白詩於下：

《宣城見杜鵑花》

蜀國曾聞子規鳥，宣城還見杜鵑花。一叫一回腸一斷，三春三月憶三巴。

此詩可知太白在思鄉，年輕時代曾在此度過，所以四川是他的第二故鄉，一個人在最悲痛時，很易想起往事，尤其青少年生長的地方。像如此強烈的鄉思悲痛，在李白詩中還是第一次，當是因晚年飄泊，貧病交加時所造成的心境。又作《哭宣城善釀紀叟》與《宣城哭蔣徵君華》。可能都是晚年抱病，悲痛的抒發，傷人亦自傷耳。

冬季又出遊歷陽，旋歸當塗，以飲酒過度，醉死於宣城，有絕筆。見白的詩：

《臨終歌》（原爲臨路歌，「路」可能是「終」之誤）

大鵬飛兮振八裔，中天摧兮力不濟；餘風激兮萬世，遊扶桑兮挂石袂。後人得之傳此。仲尼亡兮，誰為出涕？

李白逝後，葬於當塗縣采石的龍山之東，死後五十五年，即元和十二年（八一七），始由白友范倫之子范傳正，將李白改葬於他生前所嚮往（謝朓經常遊歷）之青山（當塗東南）。

像這樣一位天才的偉大詩人，奔波一生，到處流浪，找機會，想爲國效力，救蒼生，最後一切理想成空，醉死異鄉，想他在黃泉下永不會瞑目。

四、李白的教育

李白五歲前居於隴西成紀，在這段時間他受的教育，推測主要是讀蕃文，例如李太白用蕃文代朝廷（唐玄宗）擬的嚇蠻書是那末中肯精彩，證明他自幼學過蕃文。不過就是在隴西學幾年蕃文，也不會寫出那末流暢的蕃文書，照情理推想他後來仍有過繼續學習的機會，那是誰教他的？應該是他的父母。照年代推算，他的祖先被謫於胡地是前三代，最初流寓到胡地的應該是他的曾祖，白的父親當然娶的是蕃人，這一點無資料可稽。白父如與胡人結婚，自然也懂得蕃文。推斷太白的蕃文是父母所授是正確的。

李白到四川後，其父才積極的敎他漢文，一直到廿五歲離開蜀爲止，他的漢文就在這段時間打的基礎，有李白文爲證：

《秋于敬亭送從姪耑遊廬山序》

余小時大人令誦子虛賦，私心慕之。及長，南遊雲夢，覽七澤之壯觀，酒隱安陸，蹉跎十年。初，嘉與季父謫長沙西還，時予拜見預飲林下，耑乃稚子，嬉遊在旁。今來有成，鬱負秀氣。吾衰久矣，見爾慰心，申悲導舊，破涕為笑。

所謂子虛賦是指漢武帝時之名詩人司馬相如的代表作。被六朝詩人奉爲金科玉律。白父親授之。白詩云：

《上安州裴長史書》

五歲誦六甲，十歲觀百家，軒轅以來，頗得聞矣。常橫經籍書，制作不倦，迄于今三十春矣。

六甲是道家的神名，如：丁卯、丁丑、丁巳、丁未、丁酉、丁亥諸神，由此詩，可知他年輕時學習概況。見白詩：

《上韓荊州書》

白隴西布衣，流楚、漢。十五好劍術，徧干諸侯。三十成文章，歷抵卿相。雖長不滿七尺，而心雄萬夫。皆王公大臣，許與氣義。此疇曩心跡，安敢不盡於君侯哉？

由此詩，李白少年時也學過劍術。

《贈張相鎬》

一首

一生欲報主，百代期榮親。其事竟不就，哀哉難垂陳。臥病宿松山，蒼茫空四鄰。

見：

二首

撫劍夜吟嘯，雄心日千里。誓欲斬鯨鯢，澄清洛陽水，六合灑霖雨，萬物無凋枯。

《五月東魯行答汶上翁》

顧余不及仕，學劍來山東，舉鞭訪前途，獲笑汶上翁。

李白自述，他學習的情況如上，似乎學習範圍並不廣，知識領域並不濶，但讀他的詩篇，彷彿經史子集他都涉獵過，例如有些地名，我們都感到很生。據此知道李白讀書勤奮，求知欲亦強，始有如此成就。白在潯陽獄中，仍手不釋卷。有詩證之如下：

《送張秀才謁高中丞》幷序

秦帝淪玉鏡；留侯降氛氳。感激黃石老；經過倉海石。壯士揮金槌，報讎六國聞。智勇冠終古，蕭、陳難與羣。兩龍爭鬥時，天地動風雲。酒酣舞長劍，倉卒解漢紛。宇宙初倒懸，鴻溝勢將分。英謀信奇絕，夫子揚清芬，胡月入紫微，三光辭天文。高公鎮淮海，談笑却妖氛。採爾幕中畫，戡難光殊勳。我無燕霜感，玉石俱燒焚。但灑一行淚，臨歧竟何云？

李白在獄中，仍勤奮讀書，可知他平日更加用功，一個在詩藝上有如此高之成就，必定是天才加學力始可致。

李白於《送張秀才謁高中丞》一詩序文中云：「余時繫潯陽獄中，正讀留侯傳，秀才張孟熊蘊滅胡之策，將之廣陵謁高中丞。余喜子房之風，感激於斯人，因作詩以送之。」

五、李白的性格與人生觀

李白是位清高崇尚自由的詩人，在他的時代，天子提倡文學，多以詩作爲進身之路，這個時代也是個自由浪漫的時代。白時而隱居山林，時而沈醉酒肆中，時而放浪江湖，他具有時代感，他的生活隨著性格之轉變而不同。他不願摧眉折腰事權貴，例如他是許國師之孫女婿，許是唐代的戶部尚書，他可以藉許之勢力求取官祿，但他不願靠裙帶關係獵取富貴。其實細讀其詩，了解李白本有志用世，期望出仕，但他取之有道，決不爲五斗米折腰。

李白的人生觀，據范傳正之了解，如：

《李公新碑》

因肆性情，大放宇宙間，飲酒非嗜其酣樂，取其昏以自富，作詩非事於文律，取其吟以自適；好神仙非慕其輕擧，將不可求之事求之，欲耗壯心遺餘年也。

據此可知白對詩酒之愛好，僅爲寄托精神耳，此種超世離羣的態度有如在游戲人間。

李白自草《嚇蠻書》，玄宗深深的敬重他，欲重加官爵，白啓奏：「臣不願受職，願得逍遙散誕，供奉御前。」玄宗曰：「卿不受職，朕所有黃金白璧奇珍異寶，惟卿所好。」李白奏道：「臣亦不願受金玉，願得從陛遊幸，日飲美酒三十觴足矣。」玄宗了解李白淸高，不便相強。後高力士爲報脫靴之辱，楊國忠爲雪捧硯磨墨之恥，而於楊貴妃面前百般進讒言，又加上一個忌妬他的太常卿張垍讒毀，玄宗實在愛李白的才華，知白在宮中不甚相得，白又屢次求去，無意戀闕，天子乃向白道：「卿雅志高蹈，許卿暫還，不日再來相召。但卿有大功於朕，豈可白手還山？卿有所需，朕當一一給與。」李白曰：「臣一無所需，但得杖頭有錢，日沽一醉足矣。」玄宗乃賜金牌一面，牌上御書：「敕賜李白爲天下無憂學士，逍遙落拓秀才，逢坊吃酒，遇庫支錢。府給千貫，縣給五百貫。文武官員，軍民人等，有失敬者，以違詔論。」

根據他與玄宗的對話，了解李白確是一位淸高崇尙自由之士，不貪求，不虛僞，率眞純正，是一位典型的詩人。

六、李白的詩

李太白的性格，豪邁，瀟灑，多元，其詩亦如其人。作詩不願受音律的束縛，隨心所欲，有靈感卽抒發，援筆卒然而成，從不多加運思，亦不刻意修辭，但其吐語似仙詞，用字遣辭，如天馬行空，變化夭矯，無跡可尋，李青蓮多採用比興手法，此爲太白詩之一大特點。研究白詩者，皆稱讚其詩：縹渺空靈，新奇優美，清麗，卓異，奇妙，飄逸。其實他的詩，並非以上諸讚詞所能涵蓋。他的詩可以說是集各詩家之特色於一身。因他有超人的想像力，過人之智慧，其詩內容廣博，感情豐富，一瀉千里。

《說唐詩》徐而菴曰：

詩總不離乎才也。有天才，有人才；吾于天才得李太白，于地才得子美，于人才得王摩詰。太白以氣韻勝，子美以格律勝，摩詰以理趣勝，太白千秋逸調，子美一代規模。

《漁隱叢話》荊公曰：

詩人各有所得，清水出芙蓉。天然去雕飾，此李白所得也。

《滄浪詩話》嚴羽曰：

觀太白詩者，要識真太白。太白天才豪逸，語多卒然而成者。學者於每篇中，要識其安身立命處可也。李太白發句謂之開門見山。

白樂天與元微之書曰：

詩之豪者，世稱李白。李之作，才矣，奇矣，人不逮矣。

《四家詩選序》李綱曰：

太白詩豪邁清逸，飄然有凌雲之志。

《答章秀才論詩書》宋濂曰：

李太白宗風騷及建安七子，其格極高，其變化若神龍之不可羈。

《歲寒堂詩話》張戒曰：

太白喜任俠，喜神仙，故其詩豪而逸。

《藝圃折中》曰：

李謫仙詩中龍也，矯矯焉不受約束。

《清江集》傅若金評：

太白天才放逸，故其詩自為一體。

《詩藪》胡應麟評：

才超一代者李也，李如星懸日揭，照耀太虛，李唯超出一代，故高華英並，色相難求。

又評曰：

李才高氣逸而調雄，超出唐人而不離唐人者李也。

《本事詩》孟棨曰：

李白才逸氣高，與陳拾遺齊名，先後合德。

《粵遊雜記序》屈大均曰：

在唐有太白一人，蓋非摩詰、龍標之所及。吾嘗以太白為五、七言絶聖。

以上各家對太白詩藝評價頗高，但有些作家認爲太白是一位無國家觀念的酒徒，最佳的稱他是一位浪漫詩人，這是沒有深入的去了解他，如細讀李白的詩，就明瞭他卽使寫草木蟲魚，風花雪月，在白的筆下，亦多有言外之意，弦外之音，也有社會內容，與現實有關，都離不開國與民，絕不如一些偏見者所論。談到他的詩，藝術成就已達到最高峯，見白詩於下：

《贈裴十四》

朝見裴叔則，朗如行玉山。黃河落天走東海，萬里寫入胸懷間。身騎白黿不敢度，金高南山買君顧。徘徊六合無相知，飄若浮雲且西去。

這首詩疏宕奇逸，獨來獨往，不可控制。寓意似乎是抒寫其有吞食宇宙之胸懷。他有偉大的懷抱，崇高的人格，強烈的內在感情，使他的詩更奇異純眞。見白詩於下：

《下終南山過斛斯山人宿置酒》

暮從碧山下，山月隨人歸，却顧所來徑，蒼蒼橫翠微。

他把月寫成有生命，可以與人同行，談心。將月人格化了，並有天人合一之思想，想像太豐盛，刻畫極神奇。如：

《望盧山瀑布》其二

日照香爐生紫烟，遙瀑布挂前川。飛流直下三千尺，疑是銀河落九天。

他寫山水詩，有獨特之品質，充溢着蓬勃之朝氣，有樂觀奮發之豪邁氣概。如：

《早發白帝城》

朝辭白帝彩雲間，千里江陵一日還。兩岸猿聲啼不盡，輕舟已過萬重山！

杜甫詩寫《白帝城》「朝發白帝暮江陵，頃來目擊信有徵」。與李白詩相比，優劣自別，李白用韻語描述，眞是驚風雨而泣鬼神，修辭之瑰麗，感受之輕快，使讀者如身臨其境，目睹其景，彷彿已遊過三峽。見李白詩於下：

《贈從弟南平太守之遙》第一首

少年不得意，落魄無安居，願隨任公子，欲釣吞舟魚。常時飲酒逐風景，壯心遂與功名疏。

李白奉唐玄宗召入宮爲李白之期望，亦是理想。欲藉此以濟世。後遭高力士、楊國忠等小人之毀謗，終於理想落空。其在詩篇中常追憶此段旣光榮又失望之遭遇。此爲其一生中最重要經歷，永烙印在胸懷，他平生之抱負，卽是：「願隨任公子，欲釣吞舟魚。」可惜遭時不遇，理想破滅。如：

《宣州謝朓樓餞別校書叔雲》

棄我去者，昨日之日不可留，亂我心者，今日之日多煩憂。長風萬里送秋雁，對此可以酣高樓。蓬萊文章建安骨，中間小謝又清發。俱懷逸興壯思飛，欲上青天攬明月。抽刀斷水水更流，舉杯消愁愁更愁，人生在世不稱意，明朝散髮弄扁舟。

在這首詩中，李白滿懷憂煩，極欲逃避現實，故其曰：「明朝散髮弄扁舟」，實在是由於他的「濟世」，「拯物」之期望都已幻滅，其功業熱忱遭到絕望之挫折，因此他的矛盾心理時刻在激盪着，我想他有很多浪漫詩篇，可能就是在這種心態下寫成的。如：

《夜泊牛渚懷古》

牛渚西江夜，青天無片雲；登舟望秋月，空憶謝将軍。余亦能高咏，斯人不可聞。明朝挂帆去，楓葉落紛紛。

王士禎云：「此詩色相俱空，正如羚羊掛角，無跡可求；畫家所謂逸品是也。」李白天才超邁，又是性格豪放的人，他不願受形式來約束內心之表達，無形中造成他詩篇中那種「清水芙蓉」有自然美之風格。此詩本是律詩，他卻用古風的筆法，一氣呵成，化盡筆墨痕迹，眞有不可言傳之妙。如：

《紀南陵題五松山》

聖達有去就，潛光愚其德。魚與月池，龍去魚不測。當時板築輩，豈知傅說情？一朝和殷人，光氣為列星。伊尹生空桑，捐庖佐皇極。桐宮放太甲，攝政無愧色。三年帝道明，委質終輔翼。曠哉至人心，萬古可為則，時命或大謬，仲尼將奈何？鸞鳳忽覆巢，麒麟不來過。龜山蔽魯國，有斧且無柯。歸來歸去來，宵濟越洪波。

此詩顯然是自嘆時運不佳，筆意憂鬱，似與平日風格不甚相同，有人懷疑非李白之作，白之運筆是千變萬化。末句「宵濟越洪波」似在旅途中有感而作。如：

《思邊》

去年何時君別妾？南園綠草飛蝴蝶。今歲何時妾憶君？西山白雪暗秦雲。玉關去此三千里，欲君音書那可聞！

此詩是寫在戰亂時，閨中少婦，對在邊遠作戰的丈夫的思念。用寫景抒發離別之久，文字輕盈自然。

傳有龍巾拭吐，御手調羹，高力士脫靴，楊國忠磨墨，貴妃捧硯種種故事，在此時李白作了些典雅美艷之歌辭，最膾炙人口的清平調詞三首。

其一

雲想衣裳花想容，春風拂檻露華濃，若非羣玉山頭見，會向瑤臺月下逢。

此首以花比喻人，描述貴妃姣美之容貌，比花還嬌艷，儀態如春風中的花朶，輕盈優雅，全詩重在「想」字。

其二

一枝穠豔露凝香，雲雨巫山枉斷腸；借問漢宮誰得似？可憐飛燕倚新妝！

此首以人比喻花，重在「似」字。李白將楊貴妃比作趙飛燕，因而高力士爲報脫靴之辱，楊國忠爲報磨墨之恥，二人在貴妃面前讒毀李白，白被朝廷小人排擠，在無法立足之情況下，離開長安。

其三

名花傾國兩相歡，長得君王帶笑看；解釋春風無限恨，沈香亭北倚闌干。

此首人花同寫，重在「歡」字。描述明皇愛貴妃之深情，只要有貴妃在身旁，任何愁事皆消失，李白的生花妙筆，信手寫來，鏗鏘明快，優美輕活，表達出他內心之感懷。讀他的詩，胸次爽暢，有飄飄欲仙之感，他那神妙莫測之詩篇，如出天籟，語句渾成，不事雕琢，都帶給讀者一種輕鬆愉快，稱之爲「詩仙」，毫不虛耳。

李白仿古

前人皆稱李白善仿古，仿作是詩人寫作之自然現象，不足爲怪。於漢、魏、六朝，擬古、託古之風盛行，且已蔚成風氣。如漢揚雄作《太玄》，擬《易經》，《法言》仿《論語》，司馬相如作《大人賦》仿《遠遊》；枚乘作《古詩九首》仿《古詩十九首》等，皆爲有力之證據。昭明太子蕭統之《文選》，其所以特闢《雜擬》一門，似視仿作爲文獻之特產。

李白仿《離騷》、《詩經》、《樂府》及各代之名詩人。如：

《遠別離》

日慘慘兮雲冥冥，猩猩啼烟兮鬼嘯雨。我縱言之將何補？皇穹竊恐不照余之忠誠。雷憑憑兮欲吼怒。

此五句仿離騷。實際全首賦、比、興雜陳。

李白曰：「興寄深遠，五言不如四言，七言又其靡也。」他愛四言，四言濫觴於《詩經》，亦爲樂府產生之淵源。白詩以樂府居多，其作品亦以樂府爲最傑出，或採其結構，或取其題意，但大多皆出於脫胎換骨之仿作。如：

《來日大難》

來日一身，攜糧負薪。道長食盡，苦口焦唇。今日醉飽，樂過千春，仙人相存，誘我遠學。海淩三山，陸憩五嶽。乘龍天飛，目瞻兩角。授以神藥，金丹滿握。蟪蛄蒙恩，深媿短促。思填東海，强銜一木。道重天地，軒師廣成。蟬翼九五，以求長生。下士大笑，如蒼蠅聲。

再看樂府古辭：

《來日大難》

來日大難，口燥脣乾。今日相樂，皆當喜歡。經歷名山，芝草翻翻。仙人王喬，奉藥一丸。自知袖短，內手知寒。慚無靈輒，以報趙宣。月參橫，北斗欄干。親交在門，饑不知飡。歡日尚少，戚日苦多。以何忘憂，彈箏酒歌。淮南八公，要道不煩。參駕六龍，遊戲雲端。

李白的《來日大難》，很顯明是仿《樂府古辭》的《來日大難》，四字一句，是仿詩經句法。白最愛擬古樂府；集中有一百四十九篇之多，如《蜀道難》、《烏棲曲》、《戰城南》、《將進酒》、《梁甫吟》、《關山月》、《雙燕離》等篇，有百篇以上。

唐初詩歌承襲齊、梁餘風，一般皆崇尚聲律，艷薄綺麗，盡失漢魏以前的大意，陳子昂出，始矯其敝，作感遇詩三十八首，略似阮籍之詠懷，力效漢、魏慷慨雄厚的作風，如其：

《修竹篇序》

文章道弊五百年矣，漢、魏風骨，晉、宋莫傳，然而文獻有可徵者。僕嘗暇時觀齊、梁間詩，采麗競繁，而興寄獨絕，每以永歎，竊思古人，常恐逶迤頹靡，風雅不作，以耿耿也。昨於解三處，見明公詠孤桐篇，骨端氣翔，音情頓挫，光英朗練，有金石聲，遂用洗心飾視，發揮幽鬱。不圖正始之音，復覩於茲，可使建安作者，相視而笑。

陳子昂欲復漢、魏風骨，一掃齊梁彩麗，可說是唐代改革文體之第一人。子昂雖是倡復古，實際是革新。李白生於子昂逝世前一年，他繼承子昂遺志，更加發揚光大。李白的古風，即仿擬《感遇篇》。

朱熹《語類》評

古風兩卷，多傚陳子昂，亦有全用其句處，太白去子昂不遠，其尊慕之如此。

劉克莊亦曰：

太白古風，與陳子昂感遇之作，筆力相上下。

胡震亭曰：

太白古風，其篇富於子昂之感遇，儉於嗣宗之詠懷。其發抒性靈，寄托規諷，實相源流也。

李白有創造力，他雖仿傚陳子昂，但他仿擬之作品，卻較子昂高妙的多。據趙翼《甌北詩話》云：

蓋其才氣豪邁，全以神運，自不屑束縛於格律對偶，與雕繪者爭長。然有對偶處，仍自工麗，且工麗中別有一種英爽之氣，溢出行墨之外。

此評正確，李白有時對偶工麗英爽，而非刻意求對偶，乃隨筆自然溢出，由此可知非不能也，是不爲也，白不屑作刻板堆砌工夫而已。

李白仿擬《離騷》、《樂府》、《詩經》，是爲保持古來珍貴之文學遺產，並吸取前人之長，增益自己寫作之修養經驗，以求創作與改革之資源，白的仿古，其實充份表達自己之性格，如與原作相較，不但不覺模擬古作，反而脫胎換骨，面目一新。李白有高度的智慧，有創新的潛力，故仿擬之詩篇，不僅不露痕跡，且清麗超羣。

李白離開長安而無限感嘆，想到前途茫茫，百憂思緒在內心起伏，能減低這種鬱悶的心境，唯有酒，飲酒後有所感，寫了這首：

《梁園吟》

我浮黃河去京闕，挂席欲進波連山，天長水闊厭遠涉，訪古始及平臺間。平臺為客憂思多，對酒遂作梁園歌。却憶蓬池阮公詠，因吟淥水揚洪波，洪波浩蕩迷舊國，路遠西歸安可得？人生達命豈暇愁？

李白寫這首詩時，是想起六朝晉阮籍的事蹟，與自己的個性又相似。籍在蓬池附近，寫了一首有名的詩。錄於下：

《詠懷詩》

徘徊蓬池，還顧望大梁。淥水揚洪波，曠野莽茫茫。走獸交橫，飛鳥相隨翔。是時鶉火中，日月正相望。朔風厲嚴寒，陰氣下微霜。羈旅無儔匹，俛仰懷哀傷。小人計其功，君子道其常。豈惜終憔悴，詠言著斯章。

李白的《梁園吟》是仿擬阮籍的《詠懷詩》。李白了解阮籍是在那個狡詐的現實，所做的無言的抵抗，白內心與籍起了共鳴，魏文帝逼迫東漢的天子禪位，以及魏司馬氏橫行的作風，阮籍感到不平，籍始終承擔着這不平的壓力。他的個性又強烈，厭惡當時虛偽之風氣，李白與阮籍處境有相似之處，所以李白才念着「淥水揚洪波，曠野莽茫茫」的詩句。阮籍寫此詩，是諷諭當時司馬氏對百姓欺壓的行爲及當時政治的邪風。

《詠懷詩》中有兩句「羈旅無儔匹，俛仰懷哀傷。」是太白離開長安後的心情，回憶長安一段宮廷生活，再讀阮籍的「豈惜終憔悴」。李白感到阮籍的心情與自己的感受相同，他們兩個人的思想，嗜好也相同，嗣宗愛好老、莊，嗜酒，遊山玩水，作詠懷詩八十餘篇，故李白仿傚籍的作品很多，如：

《古風其五十四》

倚劍登高臺，悠悠送春目。蒼榛蔽層丘，瓊草隱深谷。鳳凰鳴西海，欲集無珍木。

陸時雍曰：「此似阮公語」嗣宗《詠懷》其十三：

登高臨四野，北望青山阿，松柏翳岡岑，飛鳥鳴相過。感慨懷辛酸，怨毒常苦多，李公悲東門，蘇子狹三河，求仁自得仁，豈復歎咨嗟？

李白的：

《古風其五十七》

羽族禀萬化，山大各有依。周周亦何辜！六翮掩不揮。願銜衆禽翼，一向黄河飛。飛者莫我顧，嘆息将安歸？

即仿擬阮籍的：

《詠懷》

灼灼西隤日，餘光照我衣，迴風吹四壁，寒鳥相因依。周周尚銜羽，蛩蛩亦念饑。

李白天才雖橫溢，但他不致目空古今，白的全集中，提到的詩人很多，唯對謝朓最景仰，白崇拜謝朓詩藝的成就，見李白詩於下：

《金陵城西樓月下吟》

金陵夜寂涼風發，獨上高樓望吳越。白雲映水搖空城；白露垂珠滴秋月。月下沉吟久不歸，古來相接眼中稀。解道澄江淨如練，令人長憶謝玄暉。

玄暉之詩是否影響太白，細加研究小謝是影響李白。張溥曰：

《謝宣城集題辭》

余讀青蓮五言詩，情文駿發，亦有似玄暉者，知其興歎難再，誠心儀之，非臨風空憶也。

觀太白集中，有數首很鮮明的是仿玄暉，如：

《秋夜板橋浦汎月獨酌懷謝朓》

天上何所有？迢迢白玉繩。斜低建章闕，耿耿對金陵。漢水舊如練，霜江夜清澄。長川瀉落月，洲渚曉寒凝。獨酌板橋浦，古人誰可徵？玄暉難再得，灑酒氣塡膺。

又如：

《宣州謝朓樓餞別校書叔雲》

蓬萊文章建安骨，中間小謝又清發，俱懷逸興壯思飛，欲上青天攬明月。

李白詩的「清麗」描繪筆法，是受小謝的影響『南齊書謝朓傳』曰：「朓少好學，有美名，文章清麗。」詩文「清麗」或爲太白所嚮往的，將白古風錄於下：

《古風五十九》(第一首)

自從建安來，綺麗不足珍。聖代復元古，垂衣貴清真。

李白的豪語，綺麗不值得珍貴，「清麗」是白欣賞的。李白的詩集中，清麗的句法甚多，如：

《古風三十八》

孤蘭生幽園，衆草共蕪沒。雖照陽春暉，復悲高秋月。飛霜早淅瀝，綠艷恐休歇。若無清風吹，香氣為誰發？

《古風四十九》

美人出南國，灼灼芙蓉姿。皓齒終不發，芳心空自持。由來紫宮女，共妒青蛾眉。歸去瀟湘沚，沉吟何足悲。

李白寫景之作，筆調清麗鬆活，甚似謝朓，是由於太白欣賞小謝之詩，自然而然仿擬其詩之特色，如白不是天縱之才，仿擬之成績亦不會有如此高。《蘭莊詩話》云：

曹子建詩，質樸溫厚，春容雋永，風調非後人易到。陳子昂、李太白慕以為宗，信乎晉以下鮮其儷也。予每讀其詩，灑然有千古之想。

李、曹二人之詩，確有相似之點，善於開端，思速且工，情感豐富，筆調開朗、豪邁，也可說是二人之特色。摘舉筆調似子建之詩以證之。李白的：

《長干行》

苔深不能掃，落葉秋風早。八月蝴蝶來，雙飛西園草。感此傷妾心，坐愁紅顏老。

調似子建的：

《七哀詩》（曹子建）

明月照高樓，流光正徘徊。上有愁思婦，悲歎有餘哀，借問歎者誰？言是客子妻，君行踰十年，孤妾常獨棲。

如：

《幽州胡馬客歌》

幽州胡馬客，綠眼虎皮冠。笑拂兩隻箭，萬人不可干。彎弓若轉月，白鴈落雲端，雙雙掉鞭行。遊獵向樓蘭。出門不顧後，報國死何難？

天驕五單于，狼戾好兇殘，牛馬散北海，割鮮若虎餐。雖居燕支山，不道朔雪寒。婦女馬上笑，顏如赬玉盤。翻飛射鳥獸，花月醉雕鞍。旄頭四光芒，爭戰如蜂攢。白刄灑赤血，流沙為之丹。

名將古誰是？疲兵良可歎！何時大狼滅，父子得閑安？

調似曹植的：

《贈白馬王彪》（曹植）

謁帝承明廬，逝將歸舊疆。清晨發皇邑，日夕過首陽。伊洛廣且深，欲濟川無梁。……白日忽西匿，歸鳥赴喬林，……太息將何為？天命與我違……。

開首敍成客之勇，再狀胡虜之驕，尾思名將之功。全詩皆本曹植白馬篇而擴之。兩詩篇皆以篇題幽州胡馬客與白馬起興，記敍戰爭之苦。李白猶進一層嘆徒以死報國，乃俠客之勇，非名將之才，必有名將之才，報國效忠之勇，才可滅天狼，安百姓，如：

《相逢行》

朝騎五花馬，謁帝出銀臺。秀色誰家子，雲車珠箔開。金鞭遙指點，玉勒近遲回……。

筆調似子建怨詩行七哀，讀後如見其人，如聽其聲，思言雖盡而意無窮。

太白詩的淵源雖仿擬《離騷》、《詩經》、《樂府》及歷代之著名詩人，但他的成就皆超越其仿傚之作品。白是由仿傚中吸取前人之修養，技巧，經驗，唯有從仿擬中才能培養其創新之潛力。

李白最愛仿擬樂府，其詩集中有百餘篇，他是擬樂府，而勝於樂府，太白之樂府絕句可稱古今獨步。唐代作樂府者，除白居易、元稹等自創新題以外；其他作家多用舊題寫新意，李白卽其中之一妙手。他雖採用古題，而內容是嶄新的，充溢着蓬勃的新生命；無論任何陳舊的古題目，在太白筆下，總是靈活動人。意境清新，這就是朱白擬古創新的成就。

胡適在《白話文學史》中，說太白集漢、魏、六朝樂府之大成，這是事實，而且是特優的作品，如：《蜀道難》、《遠別離》、《戰城南》、《長相思》、《烏夜啼》、《上留田行》、《關山月》、《有所思》、《白頭吟》、《烏棲曲》、《長干行》、《公無渡河》、《門有車馬客》、《野田黃雀行》、《獨漉篇》、《古朗月行》、《塞下曲》、《大堤曲》、《玉階怨》、《襄陽歌》等，皆情詞並茂，寓意深遠之作品。

如《藝苑卮言》王世貞曰：

> 太白樂府杳冥惝恍，縱橫變幻，極才人之致，然自是太白樂府。

如《詩藪》胡應麟曰：

> 樂府則太白擅奇古……。

如《藝苑卮言》王世貞曰：

> 太白樂府杳冥惝恍，縱橫變幻，極才人之致，然自是太白樂府。

如應氏李詩緯引丁龍友曰：

> 李白樂府，本晉三調雜曲，其絕句從六朝清商小樂府來，至其氣概揮斥，迴飆掣電，且令人縹緲天際，此殆天授，非人力也。

太白的樂府含蓄精蘊，音節盡妙，從未離樂府之本色。太白仿傚技巧高明，仿傚樂府而勝於樂府。賀知章讀《烏棲曲》後，深受感動的說：「可以泣鬼神。」

至於太白的絕句，與當代的名家王昌齡齊名，《藝苑卮言》曰：

> 五七言絕句，李青蓮、王龍標最稱擅場，為有唐絕唱。

又曰：

> 七言絕句，王少伯與太白爭勝毫釐，俱是神品。

如《唐詩品彙》高棅曰：

> 太白高於諸人，王少伯次之。

究竟李青蓮的絕句妙在何處？王士禎曰：「氣體高妙。」胡應麟說：「太白寫景入神。」《詩辨坻》分析曰：

> 七言絕起忌矜勢，太白多直抒旨鬯，兩言後只用逸思作波掉，唱歎有餘響。

《粵遊雜詠》屈紹隆評曰：

> 詩以神行，使人得其意於言之外，若遠若近，若無若有，若雲之於天，月之於水，必得而會之，口不得而言之，斯詩之神者也。而五七言絕，尤貴以此道行之，昔之擅其妙者，在唐有太白一人，蓋非摩詰龍標之所及。

從上列各家的評語，可見一般對李白的成就的稱頌。再讀青蓮的：

《峨眉山月歌》

峨眉山月半輪秋，影入平羌江水流。夜發清溪向三峽，思君不見下渝州。

《獨坐敬亭山》

衆鳥高飛盡，孤雲獨去閑。相看兩不厭，只有敬亭山。

《早發白帝城》

朝辭白帝彩雲間，千里江陵一日還。兩岸猿聲啼不盡，輕舟已過萬重山。

李白的以上幾首近體詩，妙在只能意會，不能言傳，所謂以神行者，卽太白之絕妙處。

七、李白是一位被誤解的詩人

李白與杜甫同爲盛唐偉大的詩人，李長杜十一歲，李的詩是天才，風格飄逸，內容奇異豪放，是天縱之才；杜甫是靠功力，刻意作詩，運思遲緩，所以平實，是寫實派的詩人。到宋代在一些不同的評論中，形成了一種流派，例如宋代王安石評論李白說：「歷史全集，愛國憂民之心，鮮有如子美語者。」純係偏見。王安石認爲杜甫、韓退之、歐陽修、李白四人爲唐、宋詩人之代表，而將李白列爲末位，其理由是因李白詩中多寫女色與酒，而杜的詩是全面反映動亂的時代，寫人民的疾苦，是一位憂國愛民的詩人，評論家純粹以傳統道德觀來評價李、杜，所以李在詩史上，文學史上比杜地位偏低。

自宋以來，注杜詩者衆；而注李詩者寡，唯有宋楊齊賢、元蕭士贇、明林兆珂、胡震亨、淸王琦等。上列數人，不算是一流詩人；而注杜詩者多爲一代名詩人，由此可知，偏愛杜詩，由來久矣。

無論是思想家、哲學家、騷人、文人都是時代之代言人，亦爲時代之畫工，都是刻畫這個時代之種種。李、杜，亦不例外，他們二位都是反映時代之詩人。李白的作品多完成在安、史亂前，那時唐代國勢強盛，乃所謂「開元之治」的太平盛世。國家統一強大，社會自由安定，人民富裕安康，有高度的文化水準，無戰亂之苦，所以盛世之民，生活優閒，遊山玩水，交際應酬，吟風弄月，歌舞歡聚。李白的家庭又富有，他一生主要活動時間多在玄宗時代，他廿五歲離開四川到安、史之亂，這三十年的歲月，國泰民安，是極安定自由的一個時代，李白的生活自然是自由浪漫，放情詩酒，這是時代環境所使然，不足怪也。

杜甫的創作在安、史之亂後，生活環境與李白大不相同，戰亂頻繁，整個社會都陷於民不聊生，流離失所，他親身遭遇，故杜的詩篇多是憂國憫民，亦爲時代環境之使然，不足奇也。其實他在國家戰亂時，也同樣想救國恤民。如李詩：

《奔亡道中》第四首

函谷如玉關，幾時可生還？洛陽爲易水，嵩岳是燕山。俗變羌、胡語，人多沙塞顏。申包惟慟器，七日鬢毛斑。

這時李白日夜爲國憂，曾中夜長嘆，他的人道主義色彩亦甚濃厚，能寫出人民生活的痛苦。何嘗不想效申包慟哭乞師救國，但無路耳。如：

《丁都護歌》

雲陽上征去，兩岸饒商賈。吳牛喘月時，拖船一何苦？水濁不可飲，壺漿半成土。一唱都護歌，心摧淚如雨。萬人鑿盤石，無由達江滸。君看石芒碭，掩淚悲千古。

此詩寫芒碭諸山產文石，正當天旱無水，期令峻急，役夫勞苦。李白因憐憫他們而賦此詩。眞如一幅悽楚之畫面，他直接訴出人民之痛苦，誰能說李白不愛民，說他是酒徒？太白常強調，他飲酒是爲消愁，又說他的愁是萬古愁，飲酒也是爲痲醉他過份清醒的頭腦，從他的詩中知道他永不能忘懷現實。如：

《將進酒》

……但願長醉不用醒。古來聖賢皆寂寞，惟有飲者留其名。……

從此詩中，了解李白的心境，內心實有多種愁緒交織着，有失意，有得意，也有自勉。太白素抱用世之志，惜懷才不遇，唯有自解鬱悶耳。如：

《古風其十九》

西上蓮花山，迢迢見明星。素手把芙蓉，虛步躡太清。霓裳曳廣帶，飄拂昇天行。邀我登雲臺，高揖衞叔卿。恍恍與之去，駕鴻淩紫冥。俯視洛陽川，茫茫走胡兵。流血塗野草，豺狼盡冠纓。

此詩是祿山攻入洛陽時，白是寫實際情況，說明他注意國事，並不如一般想像只迷醉酒色中。如：

《扶風豪士歌》

洛陽三月飛胡沙，洛陽城中人怨嗟。天津流水波赤血，白骨相撐如亂麻。我亦東奔向吳國，浮雲四塞道路賒。

此詩是天寶十六年，安祿山佔據洛陽，廣平王入援，陳兵天津橋，寫人民之怨恨戰亂，東奔西跑之痛苦情況。白並不是不愛國，不恤民，只是不如杜甫寫的具有濃烈的愛國情操。又如：

《猛虎行》

朝作猛虎行，暮作猛虎吟。腸斷非關隴頭水，淚下不為雍門琴。旌旗繽紛兩河道，戰鼓驚山欲傾倒。秦人半作燕地囚，胡馬反銜洛陽草。一輸一失關下兵，朝降夕叛幽薊城。巨鰲未斬海水動，魚龍奔走安得寧？

此詩李白在爲國家命運而悲，爲百姓禍福而愁，但他處在一種無策可施，效力無門之境地，唯有將滿懷悲憤，寄寓詩篇之中。

八、李白的思想

李白的思想極爲複雜，若想有個深入的瞭解，必須從他評品歷史人物的詩中去尋思體會。不過細加分析他仍以儒家爲主，其次是墨家、道家、佛家。他嚮往堯、舜時代之選賢與能。亦敬佩周公的自我犧牲，又羡慕管仲、晏嬰樣的大政治家。也崇敬墨翟之兼愛非攻，愛無差等，道家之自然無爲，佛家的悲智，淨慮；可以說李白的思想正是中國文化傳統精神之有力象徵。

李太白對於堯、舜之評：

《懷仙歌》

一鶴東飛過滄海，放心散漫知何在？仙人浩歌望我來，應攀玉樹長相待。堯、舜之事不足驚，自餘囂囂直可輕。巨鰲莫載三山去，我欲蓬萊頂上行。

他雖說：「堯、舜之事不足驚。」他是說效法堯禪位舜之事自古有之，何足驚奇，而不是對堯、舜、禹有不敬重之意，白對堯、舜、禹，以德禪位之政治思想，仍有嚮往之意。如：

《遠別離》

皇穹竊恐不照余之忠誠，雷憑憑兮欲吼怒。堯、舜當之亦禪禹。君失臣兮龍為魚，權歸臣兮鼠變虎。或云：堯幽囚，舜野死。九疑聯綿皆相似。重瞳孤墳竟何是？

此篇各家之說不一，有的說他以堯、舜禪位禹之語是責罪唐肅宗，感歎今無堯、舜之賢君。又如：

《公無渡河》

波滔天，堯咨嗟。大禹理百川，兒啼不窺家，殺湍堙洪水，九州始蠶麻。其害乃去。茫然風沙。

有的認爲「波滔天，堯咨嗟」，比喻明皇之憂危，「大禹理百川，兒啼不窺家」，謂肅宗出兵朔方，諸將戮力，轉戰連年，乃克收復失地。我認爲很明顯的意思是稱讚禹之辛苦，爲國棄家。大禹是墨翟所最敬佩的，一生爲公辛勞而無怨。從詩中知道，李白嚮往敬佩堯、舜、禹型之聖君。

對於周公、管叔、蔡叔之評：

周公是周文王之第四子，管叔是第三子，蔡叔是第五子三位雖爲手足，但有君子與小人之分。見李白詩：

《箜篌謠》

周公稱大聖，管、蔡寧相容！漢謠一斗粟，不與淮南春。兄弟尚路人，吾心安所從？

李白曰：管、蔡之不悌，兄弟如路人，讒毀周公。管仲：「生我者父母，知我者鮑子也。」士爲知己者死，而況手足乎？

對於伯夷、叔齊之評：

李白對伯夷、叔齊之行事，有佩服；有不屑苟同。見：

《上留田行》

行至上留田，孤墳何崢嶸！積此萬古恨，春草不復生。悲風四邊來，腸斷白楊聲。借問誰家地，埋沒蒿里塋，古老向予言，言是上留田，蓬科馬鬣今已平。昔之弟死兄不葬，他人於此舉銘旌。一鳥死，百鳥鳴。一獸走，百獸驚。桓山之禽別離苦，欲去迴翔不能征。田氏倉卒骨肉分，青天白日摧紫荊。交讓之木本同形，東枝顦顇四枝榮。無心之物尚如此，參商胡乃尋天兵？孤竹、延陵，讓國揚名。高風緬邈，頹波激清。尺布之謠，塞耳不能聽。

李白讚頌伯夷、叔齊的是清高讓國，世人少有如此高潔。不敢苟同的，見：

《梁園吟》

玉盤楊梅為君設，吳鹽如花皎白雪。持鹽把酒但飲之，莫學夷、齊事高潔。昔人豪貴信陵君，今人耕種信陵墳。

李白認爲讓國清高，令人敬佩，但因清高而餓死，此種行爲白不敢苟同。再見：

《少年子》

青雲少年子，挾彈章臺左。鞍馬四邊開，突如流星過。金丸落飛鳥，夜入瓊樓外。夷齊是何人，獨守西山餓。

再見：

《笑歌行》

巢田洗洗耳有何益？夷、齊餓死終無成。

李白不是伯夷、叔齊一類的人物，夷、齊寧死不願損及自己清名，而李白的性格是複雜的，善變化的，所以白與夷、齊人生觀不同。

對於孔子之感嘆，見：

《送魯郡長史遷弘農長史》

魯國一杯水，難容橫海鱗。仲尼且不敬，況乃尋常人。

再見：

《紀南陵題五松山》

曠哉至人心，萬古可為則。時命或大謬，仲尼將奈何？鸞鳳忽覆巢，麒麟不來過。

《書懷贈南陵常贊府》

問我心中事，為君前致辭。君看我才能，何似魯仲尼？大聖猶不遇，小儒安足悲？

《贈崔郎中宗之》

日從海旁沒；水向天邊流。長嘯倚孤劍，目極心悠悠。歲晏歸去來，富貴安可求？仲尼七十說，歷聘莫見收。

《上崔相百憂章》

屈法申恩，棄瑕取材。冶長非罪，尼父無猜。覆盆儻舉，應照寒灰。

《送方士趙叟之東平》

長桑晚洞視，五藏無全牛。趙叟得秘訣，還從方士游。西過獲麟臺，為我弔孔丘。念別復懷古，潸然空淚流。

由上列的幾首詩，了解太白對孔子除崇拜外，尚有一份憐愛之情，其詩多屬感嘆。孔子爲推行仁政，奔波一生，終未達到理想，畢生亦是遭時不遇，李白也連想到自己，處處遭受挫折，有志未伸。

對於魯仲連之敬佩：

李白對於戰國齊人魯仲連，也是他一生中最敬重的人物之一。仲連不肯出仕，平時爲人排患釋難，解決紛爭，而無所取，無所求。仲連一生的大事，即爲趙平原君說服魏將新垣衍，打消尊秦爲帝的意念，仲連反對秦之橫暴，白推崇仲連備至，從無閒言。白佩服仲連的是他的爲人處事，見：

《古風九》

齊有倜儻生，魯連特高妙。

《感興七》

魯連及夷、齊，可以躡清芬。

《奔亡道中》其三

談笑三軍却；交游七貴疎。仍留一隻箭，未射魯連書。

《江夏寄漢陽輔錄事》

大語猶可聞，故人難可見。君草陳琳檄；我書魯連箭。報國有壯心，龍顏不迴眷。

《留別王司嵩》

魯連賣談笑，豈是顧千金？陶朱雖相越，本有五湖心。

《留別魯頌》

誰道太山高？下却魯連節，誰云秦軍衆？摧却魯連舌。

《在水軍宴幕府諸侍御》

所翼旄頭威，功成追魯連。

《獻從叔當塗宰陽冰》

激昂風雲氣，終協龍虎精，弱冠燕、趙來，賢彥多逢迎。魯連善談笑，季布折公卿。

李白詩中，提到仲連的特別多，足見仲連在李白心目的形象，是完美無缺的。還有一種因素，使白如此崇拜：仲連似獨行俠，李白就是欣賞這類人物。

對於莊周、墨翟觀感：

《古風》九

莊周夢蝴蝶，蝴蝶為莊周。一體更變易，萬事良悠悠。乃知蓬萊水，復作清淺流。青門種瓜人，舊日東陵侯。富貴固如此，營營何所求。

《秋夜獨坐懷故山》

莊周空說劍，墨翟恥論兵。

李白的詩，提到莊子、墨子的不多，詩中僅僅淡淡一提，且從側面引敍。但李白的思想似乎受其兩人影響不小。

對於秦始皇、項羽之觀感：

《古風》三

秦王掃六合，虎視何雄哉！揮劍決浮雲，諸侯盡西來。明斷自天啓，大略駕羣才。收兵鑄金人，函谷正東開。銘功會稽嶺，騁望琅邪臺。

李白對英雄人物最敬佩，秦皇雄才大略，極爲欽服，但對始皇之霸道並不贊同。

李白對於項王之勇猛亦佩服，如：

《登廣武古戰場懷古》

秦鹿奔野草，逐之若飛蓬，項王氣蓋世，紫電明雙瞳。呼吸八千人，橫行起江東。赤精斬白帝，叱咤入關中。兩龍不並躍，五緯與天同，楚滅無英圖，漢興有成功。

項羽有勇無謀，劉邦鬪智成功，李白不但不惋惜，且說「楚滅無英圖，漢與有成功」。

對於陶淵明之觀感，如：

《九日登山》

淵明歸去來，不與世相逐。

《贈臨洺縣令皓弟》

陶令去鼓澤，茫然太古心，大音自成曲，但奏無絃琴。釣水路非遠，連鼇意何深？終期龍伯國，與爾相招尋。

李白對於陶淵明，嚮往他飄逸瀟灑的風度，淡泊寡欲的人格，不爲五斗米折腰的清高。一提淵明，白從內心感到爽快愉悅。

對於王昭君的觀感：

《王昭君》一首

漢家秦地月，流影照明妃。一上玉關道，天涯去不歸。漢月還從東海出，明妃西嫁無來日。燕支長寒雪作花，蛾眉憔悴沒胡沙。生乏黃金枉圖畫，死留青塚使人嗟。

《王昭君》二首

昭君拂玉鞍，上馬啼紅頰。今日漢宮人，明朝胡地妾。

王嬙爲漢元帝之宮女，貌美冠後宮，畫工毛延壽向嬙索黃金百兩，畫像給漢帝選幸，昭君不願賂毛，遂點汚面容，退居冷宮，失去召幸機會。後漢元帝發現昭君貌美，知道是畫工蒙蔽，才召幸昭君，漢元帝一見，眞是一位傾城傾國之美人，封爲明妃，每日寸步不離。

匈奴呼韓邪單于來朝云：「願壻漢以自親」。昭君因漢帝許匈奴在前，昭君爲漢着想，自請出塞和番。犧牲愛情，榮華富貴，下嫁胡人。李白敬佩她爲國犧牲，又憐憫她貌美如仙，而嫁給一個粗野之呼韓邪單于。由此詩知道白敬重的人是愛國愛民的人。

從上面各詩篇中他褒揚的人物，就了解李白的思想，他尊重聖君、賢相、賢士、英雄豪傑、巾幗英雄、愛國志士。非一般人只視之爲浪漫詩人，無國家觀念，民族思想，整日沉浸在酒色中，李白是一位被誤解的大詩人，令人感嘆而不平。

對於司馬相如：

李白對於司馬相如之文章，並未讚揚，僅羨慕他的「幸得遇」，見：

《白頭吟》

相如作賦得黃金，丈夫好新多異心。一朝將聘茂陵女，文君因贈白頭吟。

見：

《自漢陽病酒歸寄王明府》

聖主還聽子虛賦，相如却欲論文章。

司馬相如的《子虛賦》是人人頌揚的，李白的父親李客親自教授，相如的文采瑰麗，詞藻豐富，揚雄讚美爲神仙所至，而非人間所有。而李白卻批評他多異心。

九、李白與道教

李白本性，就有道家的氣質。他在蜀時，已與道教接觸，但未汲汲求仙訪道。自天寶三年在政治活動中遭到挫折後，他的理想抱負完全破滅。最初他的希望是做權臣，時刻在國君左右，參與國政，天子能言聽計從。殊料被楊國忠、高力士、張垍、楊貴妃等讒毀，不得不離開長安，如做了一場噩夢；當夢醒時，感到空虛，無依，寂寞，絕望。極複雜的痛苦情緒交織在他的內心，這時道教徒的生活模式，正是療治他傷痕的良醫。李白與一般道教徒不同，他並不狂熱，他追求道教，只想藉着道教宣傳的仙境，忘去現實社會醜惡的百態。他幻想仙人遨遊天地間之自由自在，並幻想創造一個夢幻的世界，無拘無束，藉以抒發其內心之憤激，與不平之遭遇。

此時李白的思想，生活發生很大的改變，他經常與隱士道士交往，曾向湖北的胡紫陽求道，又與吳筠道士隱居在剡中，與元丹丘道士隱居在河南嵩山，漸漸白的生活也脫離了現實社會，追求老、莊式的超現實生活，求心靈上的安適，清洗內心的積鬱。這一時期的作品，擇舉如下：

《懷仙歌》

一鶴東飛過滄海，放心散漫知何在？仙人浩歌望我來，應攀玉樹長相待。堯、舜之事不足驚，自餘囂囂直可輕。巨鰲莫載三山去，我欲蓬萊頂上行。

李白對現實生活感到失望，他的個性與現實格格不入，他期望過超現實的生活，希望到高遠的仙境與現社會的俗人隔離，所以他連一向崇拜的堯、舜都不再尊敬，從這首詩中看出他當時的心境，已不再有世俗之名利心。

李白的詩友並不多，如杜甫、王昌齡、孟浩然等，他三十三歲時認識了孟浩然。孟是隱士，比白長十一歲。此時孟隱居在襄陽郊外的鹿門山，過着不問世事，飲酒作詩的自由生活，二人相遇，如魚得水，遂成了莫逆之交。在李白詩中有幾首是寫孟浩然的，選兩首於下：

《贈孟浩然》

吾愛孟夫子，風流天下聞。紅顏棄軒冕，白首臥松雲。醉月頻中聖，迷花不事君。高山安可仰？徒此揖清芬。

《黃鶴樓送孟浩然之廣陵》

故人西辭黃鶴樓，煙花三月下揚州。孤帆遠影碧空盡，惟見長江天際流。

最出名的是第二首，膾炙人口，一提到李孟二人的友誼，就自然想起這一首詩。

太白與道教結緣似乎很早，他自己說：「五歲誦六甲」六甲是道教的一些神名，又有人說是道家末流的一種怪書。如神仙傳有『左慈學道，尤明六甲，能役使鬼神』之語爲證。綜觀李白的一生，如果不是在現實上屢屢受挫，就不致一面倒的沉醉在道教中，迷戀道教祇不過是逃避現實的一種方式而已。

十、爲李白入永王璘幕府辯

唐代之君位繼承權，向未循常法，多係竊取得來，是以君權一直不穩固，如唐太宗等。肅宗亦乘安、史之亂分兵北走，自立爲皇帝者，因此璘見玄宗西走四川，遂乘機建立功業，謀取帝位，認爲是很自然之事，是循例而非叛父王。

李璘爲玄宗第十六子，幼年亡母，由李亨肅宗撫養長大。開元十三年（七二五）年三月封爲永王。安史造反，天寶十五年六月下旬安祿山部下佔領長安，玄宗逃難奔蜀。十四日至馬嵬坡，侍從部隊兵變，阿飛宰相楊國忠被殺，玄宗被迫縊死楊貴妃。十五日應百姓之請，七月唐肅宗繼位在靈武改元至德。玄宗七月二十日逃到四川成都。

在逃亡中玄宗聽從房琯之建議，七月十五日下分置之制詔，稱爲「制置」。根據《資治通鑑》載（肅宗至德元年，卽天寶十五年）所述：以太子亨充天下兵馬元帥，領朔方、河東、河北、平盧節度都使，南取長安、洛陽，以御史中丞裴冕兼左庶子，隴西郡司馬劉秩試守右庶子；永王璘充山南東道、嶺南、黔中、江南西道節度都使，以少府監竇紹爲之傅，長沙太守，李峴爲都副大使。令璘防守揚子江一帶，殊料其圖叛君謀位。

李白參加永王璘麾下，對於李白又是一件誤解當時就有兩派看法，有的認爲從逆不道，有的認爲他參予璘幕是出於脅迫；認爲他從璘不道者是宋理學家朱熹，朱子的評論如下：

《朱子語錄》

李白見永王璘反，便慫恿之，詩人沒有頭腦至於此。

朱認爲白不僅在行動上參加璘之幕府，尙慫恿幫凶去奪帝位。宋朝蘇軾看法與朱子看法正相反，其評如下：

《李太白碑陰記》

太白之從璘，當由脅迫。不然璘之狂肆寢陋，雖庸人知其必敗也。太白識郭子儀之為人傑。而不能知永王璘之無成，此理之必不然者也。吾不可以不辯。

李白參與璘麾下，確實由於逼迫，有李白詩爲證，錄於下：

《爲宋中丞有薦表》

閑居製作，言盈數萬。屬逆胡暴亂，避地廬山，遇永王東巡脅，中道奔走，却至彭澤。

又如：

《經亂離後天恩流夜郎憶舊遊書懷贈江夏韋太守良宰》

僕臥香爐頂，餐霞嗽瑤泉。門開九江轉；枕下五湖連，半夜水軍來，尋陽滿旌旃。空名適自誤，迫脅上樓船。徒賜五百金，棄之若浮烟，辭官不受賞，翻謫夜郎天。

此詩亦敍述受迫參加璘水軍之經過，雖是事後之作，受逼迫參加是事實。因璘號召是討叛賊，無論自動或逼迫，動機是基於愛國。白對安、史叛亂極爲痛恨，白期盼王室早日恢復，才同情璘之討伐，根本不知璘以討賊爲名，實際是圖謀帝位，不僅李白不知璘之陰謀，凡接近璘的人都沒懷疑他有野心，故皆紛紛參加討賊行列。

十一、李白的晚年

李白六十一歲時，流落江南，無可歸宿，他在金陵一帶靠人救濟渡日。見：

《贈昇州王使君忠臣》

六代帝王國，三吳佳麗城。賢人當重寄，天子借高名。巨海一邊靜，長江萬里清。應須救趙策，未肯棄侯嬴。

《獻從叔當塗宰陽冰》

小子別金陵，來時白下亭，群鳳憐客鳥，差池相哀鳴。各拔五色毛，意重泰山輕。贈微所費廣，斗水澆長鯨。談劍歌苦寒，嚴風起前楹。月銜天門曉，霜落牛渚清。長嘆卽歸路，臨川空屏營。

上面的詩是說：羣鳳般的傑出友人，安慰如客鳥的我，又爲我送行，並以篤厚之情誼贈送離別詩，由「贈微」證明並無多的物質援助。李白曰：「斗水澆長鯨」，正說明生活困窘之情況。再見：

《江上贈竇長史》

漢求季布魯朱家，楚逐伍胥去章華。萬里南遷夜郎國，三年歸及長風沙。聞道青雲貴公子，錦帆游戲西江水。人疑天上坐樓船，水淨霞明兩重綺。相約相期何太深！棹歌搖艇月中尋。不同珠履三千客，別欲論交一片心。

此詩是在放逐歸途中自潯陽順江而下，經過長風沙（今安慶附近）時所作，太白在乾元元年（七五八）被流放夜郎，得郭子儀之助，免於死刑。是年八日流放夜郎。乾元二年（七五九）三月至白帝遇赦，立返江陵。見：

《江南春懷》

青春幾何時？黃鳥不歇。天涯失鄉路；江外老華髮。心飛秦塞雲；影滯楚關月。身世殊爛漫；田園允蕪沒。歲晏何所從？長歌謝金闕。

此首當是晚年潦倒江南時作，亦是流放歸來後之心境，又值晚年，心情是悲哀的，寂寞的。太白懷報國之志，但終生遭遇多次挫折，有志未伸，晚年常在痛苦的回憶中。此時想到長安，想到妻、兒、家鄉，無限鬱悶壓在心頭。其實究竟那裏才是他眞正的家鄉？

李白多次至宣城（今安徽），在此時期，他生活困苦，連飲酒的錢都付不出，連多年佩在身上的劍都賣掉，換酒來飲。在無可奈何的情況下，唯有投靠從叔李陽冰，陽冰住在揚子江畔的安徽當塗，任當塗縣令，李白晚年於此住過兩年餘，受陽冰照顧，安慰，陪伴。

太白晚年身心疲憊，很少寫長詩篇，居然為陽冰寫了二百八十個字的長篇，白一定是感到親情的可貴，內心有感而發，錄於下：

《獻從叔當塗宰陽冰》

金鏡霾六國，亡新亂天經。焉知高光起，自有羽翼生？蕭曹安峴屼；耿賈摧欃槍。吾家有季父，傑出聖代英。雖無三台位；不借四豪名。激昂風雲氣，終協龍虎精。弱冠燕趙來，賢彥多逢迎。魯連善談笑；季布折公卿。遙知禮數絕，常恐不合并。惕想結宵夢，素心久已冥。顧慚青雲器，謬奉玉樽傾。山陽五百年，綠竹忽再榮。高歌振林木；大笑喧雷霆。落筆灑篆文，崩雲使人驚。吐辭又炳煥，五色羅華星。秀句滿江國；高才掞天庭。宰邑艱難時，浮雲空古城。居人若薙草；掃地無纖莖。惠澤及飛走，農夫盡歸耕。廣漢水萬里，長流玉琴聲。雅頌播吳越，還如太階平。

李白頌揚陽冰傑出之政治才能，因陽冰對他的照顧，因此由衷的感到世態炎涼中親情的可貴，白甚至因溫暖的人情，感動得流淚。

李白的一生，始終被人誤解，除稱讚他的詩而外，對他的志節，多表懷疑。太白是天縱之才，憑這麼一個似天仙之人才（李陽冰說：「其言多似天仙辭」，見草堂集序），一生始於流浪，終亦流浪，一代卓越的大詩人，就如此悲淒的結束了他的一生，時爲寶應元年（七六二）十一月，享年六十二歲，葬於當塗縣采石的龍山之東，直到五十五年後之元和十二年（八一七）才由李白之友范倫之子范傳正，再將李白葬於他所嚮往之（謝朓常遊）青山（當塗縣東西）。

十二、李白詩對後人之影響

李太白詩之特色：天才英麗，豪放不羈，意境逸蕩俊偉，神韻微妙，爲後學嚮往。

元裕之《平湖曲》：「秋風拂羅裳，秋水照紅粧。舉頭見郎至，低頭采蓮房。」倣太白舉頭見山月句。（《詩藪》）

王蘭生《梅子關詩》曰：「萬仭摩天梅子關，關前七十二溪環。路人爲指巴亭縣，數片殘雲無定間。」二十八個字，一氣呵成，頗似太白之《朝辭白帝》一詩。（《石遺室詩話》卷五）

陳無己詩：「寒心生蟋蟀，秋色上梧桐。」出於李白「人煙寒橘柚，秋色老梧桐。」（見《艇齋詩話》）

明李維楨《南都詩》：「再闢乾坤清朔漠，雙懸日月啓鴻濛。」仿擬青蓮《上皇西巡南京歌》：「少帝長安開紫極，雙懸日月照乾坤。」

《黃山谷》詩：「不知眼界濶多少，白鳥去盡青天回。化太白鳥飛不盡暮天碧，及青天盡處沒孤鴻。脫胎換骨。」（見冰川詩式）

乾隆皇帝《丁都護歌》：「我歌丁都護，卻匪歌丁吁。舉人思其地，昔曾開東府。齊澣移漕路，水殘丹陽土。鑿石牛曳舟，李白歌其苦。長此奚到今，以今可知古。豈無疏濬力，天工在人補。輪年大小艕，來往通商賈。設如青蓮言，漕米其安取。即事識所懷，鳴榔過江滸。」（清高宗《御製詩三集》卷二十）

王守仁詩：「山中莫道無供給，明月清風不用錢。」又臺灣先賢章甫詩：「偶到清風都是伴，賒來明月不用錢。」皆本李白《襄陽歌》：「清風明月不用一錢買。」

明韓宜可詩：「青天有月來今夜，白髮無家幾度秋。」清黃仲則《觀潮行》：

「潮生潮落自終古，我欲停盃一問之。」擬太白《把酒問月》：「青天有月來幾時，我今停盃一問之。」

白居易詩：「野火燒不盡，春風吹又生」。仿李白《望廬山瀑布》：「海風吹不斷，江月照還空。」

蘇東坡作《歐公集序》曰：「詩賦似李白《捫虱新話》。是說歐陽修作詩，似仿擬李青蓮（白）。

陸放翁擬太白。宋孝宗問周益公，今代詩家亦有如唐李太白者乎？益公以放翁對。晚唐詩人喜仿青蓮《宮中行樂詞》其七：「遲日明歌席，新花艷舞衣」句調。

元李繼本，詩學李白，唯無所成，流爲好奇，類盧仝馬異。（《詩話總龜後集》卷十一）

李白天縱之才，仿擬他人之詩，能脫胎換骨，毫無痕跡，而他的詩很難學，惟高青邱能學之相上下，不僅形似，而且神韻亦似。太白樂府與五古多敍事，不議論，實用古人意在言外之法，此古詩正宗也。高青邱樂府及擬古十二首，《寓感》二十首，《秋懷》十首，《詠隱逸》十六首，亦只敍題面，不再於題面內推究意義，闡發議論，此正是仿太白。司馬子微謂青蓮有仙風道骨，而青邱贈陶篷先生亦云：「謂予有仙契，泥滓非久論。」蓋二人皆有出塵之才，故相契在神識間耳。（參閱《甌北詩話》卷八）

附：參考書目及參考文獻

參考書目

舊唐書		鼎文書局
新唐書		同　上
李白集校注上册		偉豐書局
李白集校注下册		同　上
全唐詩說	明·王世貞	廣文影印古今詩話叢編
滄浪詩話	宋·嚴　羽	弘道詩話叢刊

詩藪	明·胡應麟	廣文影印古今詩話續編
隨園詩話	清·袁　枚	廣文古今詩話叢編
詩紀	明·馮惟納編	
分類補注李太白集	宋·楊齊注	
朱熹語類		正中書局
中國歷代詩選		宏業書局
六一詩話	宋·歐陽修	藝文歷代詩話
漁洋詩話	清·王士禎	藝文清詩話
續詩話	宋·司馬光	藝文歷代詩話
白氏長慶集	唐·白居易	商務四部叢刊
中國文學論叢	民國·梁啓超	明倫
中國文學發展史	民國·劉大杰	中華
中國文學史	民國	明倫
中國詩史	民國	明倫

引用書目

李陽冰　草堂集序
范傳正　唐左拾遺翰林學士李公新墓碑并序
魏　顥　李翰林集序
王　琦　李太白文集跋
顧　璘　息園存稿
李　綱　讀四家詩選序
王安石　臨川集
王世貞　藝苑巵言
安　旗　李白年譜

見本事詩　孟　棨
見說唐詩　徐而庵
見與宋尚本論詩書　吳偉業
見粵遊雜記序　屈大均
見藝圃折中　王世懋
見四川總志序　楊　愼
見詩人玉屑引　歐陽修
李白評傳　陳　香
飄逸詩人李白傳記　譚繼山編譯
李白詩　傅東華選註
李　白　田中克己，李君奭譯
中國兩大詩聖　吳天任
李　白　作家與作品叢書
李太白詩述評　陳宗賢

唐詩選評釋　明・李攀龍選
　日本・森大來評釋
　花縣・江俠菴譯述
詩詞欣賞　三人行書局
李太白研究　夏敬觀、任半塘、張以仁、李正治等著
中國文學史新編　復興書局
李白詩論　國立編譯館主編
李白與杜甫　帛書出版社
李白與杜甫　歐陽彬編註
道教徒的詩人李白及其痛苦　張　芝
昭明文選　文友書店

參考文獻

草堂集序

李陽冰

李白，字太白，隴西成紀人，涼武昭王暠九世孫，蟬聯珪組，世爲顯著。中葉非罪，謫居條支，易姓與名。然自窮蟬至舜，五世爲庶，累世不大曜，亦可嘆焉。神龍之始，逃歸於蜀，復指李樹而生伯陽。驚姜之夕，長庚入夢，故生而名白，以太白字之。世稱太白之精得之矣。不讀非聖之書，耻爲鄭、衞之作。故其言多似天仙之辭。凡所著述，言多諷興。自三代已來，風騷之後，馳驅屈、宋，鞭撻揚、馬，千載獨步，唯公一人。故王公趨風，列岳結軌。群賢翕習，如鳥歸鳳。盧黃門云：陳拾遺橫制頹波，天下質文翕然一變，至今朝詩體，尚有梁、陳宮掖之風。至公大變，掃地並盡。今古文集，遏而不行。唯公文章，橫被六合。可謂力敵造化歟。天寶中，皇祖下詔，徵就金馬，降輦步迎，如見綺、皓。以七寶床賜食，御手調羹以飯之，謂曰：卿是布衣，名爲朕知，非素蓄道義何以及此？置於金鑾殿，出入翰林中，問以國政，潛草詔誥，人無知者。丑正同列，害能成謗，格言不入，帝用疏之。公乃浪迹縱酒，以自昏穢。咏歌之際，屢稱東山。又與賀知章、崔宗之等自爲八仙之遊，謂公謫仙人，朝列賦謫仙之歌，凡數百首，多言公之不得意。天子知其不可留，乃賜金歸之，遂就從祖陳留采訪大使彥允，請北海高天師授道籙於齊州紫極宮。將東歸蓬萊，仍羽人駕丹丘耳。陽冰試絃歌於當塗，心非所好，公遐不棄我，乘扁舟而相顧。臨當挂冠，公又疾亟。草藁萬卷，手集未修。枕上授簡，俾予爲序。論「關雎」之義，始愧卜商；明「春秋」之辭，終慚杜預。自中原有事，公避地八年，當時著述，十喪其九，今所存者，皆得之他人焉。時寶應元年十一月乙酉也。

唐左拾遺翰林學士李公新墓碑幷序

范傳正

騏驥筋力成，意在萬里外。歷塊一蹶，斃於空谷。惟餘駿骨，價重千金。大鵬羽翼張，勢欲摩穹昊。天風不來，海波不起。塌翅別島，空留大名。人亦有之。故左拾遺、翰林學士李公之謂矣。公名白，字太白，其先隴西成紀人。絕嗣之家，難求譜牒。公之孫女搜於箱篋中，得公之亡子伯禽手疏十數行，紙壞字缺，不能詳備。約而計之，涼武昭王九代孫也。隋末多難，一房被竄於碎葉，流離散落，隱易姓名。故自國朝已來，漏於屬籍。神龍初，潛還廣漢，因僑爲郡人。父客以逋其邑，遂以客爲名。高臥雲林，不求祿仕。公之生也，先府君指天枝以復姓，先夫人夢長庚而告祥，名之與字，咸所取象。受五行之剛氣，叔夜心高；挺三蜀之雄才，相如文逸。瑰奇宏廓，拔俗無類。少以俠自任，而門多長者車。常欲一鳴驚人，一飛沖天，彼漸陸遷喬，皆不能也。由是慷慨自負，不拘常調，器度弘大，聲聞於天。天寶初，召見於金鑾殿，玄宗明皇帝降輦步迎，如見園、綺。論當世務，草答蕃書，辯如懸河，筆不停綴。玄宗嘉之，以寶床方丈賜食於前，御手和羹，德音褒美。褐衣恩遇，前無比儔。遂直翰林，專掌密命。將處司言之任，多陪侍從之遊。他日泛白蓮池，公不在宴。皇歡既洽，召公作序。時公已被酒於翰苑中，仍命高將軍扶以登舟，優寵如是。既而上疏請還舊山，玄宗甚愛其才，或慮乘醉出入省中，不能不言溫室樹，恐掇後患，惜而遂之。公以爲千鈞之弩，一發不中，則當摧橦折牙而永息機用，安能效碌碌者蘇而復上哉！脫屣軒冕，釋羈韁鎖，因肆情性，大放宇宙間。飮酒非嗜其酣樂，取其昏以自富。作詩非事於文律，取其吟以自適。好神仙非慕其輕舉，將不可求之事求之。欲耗壯心，遣餘年也。在長安時，秘書監賀知章號公爲謫仙人。吟公「烏栖曲」云：此詩可以哭鬼神矣。時人又以公及賀監、汝陽王、崔宗之、裴周南等八人爲酒中八仙。朝列賦謫仙歌百餘首。俄屬戎馬生郊，遠身海上，往來於斗牛之分，優遊沒身。偶乘扁舟，一日千里，或遇勝境，終年不移。長江遠山，一泉一石，無往而不自得也。晚歲渡牛渚磯，至姑熟，悅謝家青山，有終焉之志。盤桓利居，竟卒於此。其生也，聖朝之高士；其往也，當塗之旅人。代宗之初，搜羅俊逸，拜公左拾遺。制下於形庭，禮降於玄壤。生不及祿，沒而稱官，嗚呼命與！傳正共生唐代，甲子相懸。常於先大夫文字中見與公有潯陽夜宴詩，則知與公有通家之舊。於人間得公遺篇逸句，吟咏在口。無何叨蒙恩獎，廉問宣、池。按圖得公之墳墓，在當塗屬邑。因令禁樵采，備灑掃，訪公之子孫，欲申慰薦。凡三四年，乃獲孫女二人，一爲陳雲之室，一爲劉勸之妻，皆編戶甿也。因召至郡庭，相見與語，衣服村落，形容樸野，而進退閑雅，應對詳諦，且祖德如在，儒風宛然。問其所以，則曰：父伯禽以貞元八年不祿而卒，有兄一人，出遊一十二年，不知所在。父存無官，父歿爲民，有兄不相保。爲天下之窮人。無桑以自蠶，非不知機杼；無田以自力，非不知稼穡。況婦人不任，布裙糲食，何所仰給？儷於農夫，救死而已。久不敢聞於縣官，懼辱祖考。鄉閭逼迫，忍耻來告。言訖淚下，余亦對之泫然。因云：先祖志在青山，遺言宅兆，頃屬多故，殯於龍山東麓，地近而非本意。墳高三尺，日益摧圮，力且不及，知如之何。聞之憫然，將遂其請。因當塗令諸葛縱會計在州，得諭其事。縱亦好事者，學爲歌詩，樂聞其語。便道還縣，躬相地形，卜新宅於青山之陽，以元和十二年正月二十三日遷神於此，遂公之志也。西去舊墳六里，南抵驛路三百步。北倚謝公山，即青山也。天寶十二載勅改名焉。因告二女，將改適於士族。皆曰：夫妻之道命也，亦分也。在孤窮既失身於下俚，仗威力乃求援於他們。生縱偷安，死何面目見大父於地下？欲敗其類，所不忍聞。余亦嘉之，不奪其志，復井稅免徭役而已。今士大夫之葬必誌於墓，有勳庸道德之家，兼樹碑於道。余才術貧虛，不能兩致。今作新墓銘，兼刋二石，一窴於泉扃，一表於道路。亦峴首漢川之義也。庶芳聲之不泯焉。文集二十卷，或得之於時之文士，或得之於宗族，編輯斷簡，以行於代。

銘曰：

嵩岳降神，是生輔臣。蓬萊譴眞，斯爲逸人。晉有七賢，唐稱八仙。應彼星象，唯公一焉。晦以麴蘖，暢於文篇。萬象奔走乎筆端，萬慮泯滅乎罇前。臥必酒甕，行惟酒船。吟風咏月，席地幕天。但貴乎適其所適，不知夫所以然而然。至今尚疑其醉在千日，寧審乎壽終百年？謝家山兮李公墓，異代詩流同此路。舊墳卑庳風雨侵，新宅爽塏松柏林。故鄉萬里且無嗣，二女從民永於此。猗歟琢石爲二碑，一藏幽隧一臨岐。岸深谷高變化時，一存一毀名不虧。

李翰林集序

魏　顥

自盤古劃天地，天地之氣艮於西南。劍門上斷，橫江下絕，岷、峨之曲，別爲錦州。蜀之人無聞則已，聞則傑出。是生相如、君平、王褒、揚雄，降有陳子昂、李白，皆五百年矣。白本隴西，乃放形因家於綿。身既生蜀，則江山英秀。伏羲造書契後，文章濫觴者「六經」。「六經」糟粕「離騷」，「離騷」糠粃建安七子。七子至白，中有蘭芳。情理宛約，詞句妍麗，白與古人爭長。三字九言，鬼出神入，瞠若乎後耳。白久居峨眉，與丹丘因持盈法師達。白亦因之入翰林，名動京師。「大鵬賦」時家藏一本，故賓客賀公奇白風骨，呼爲謫仙子。由是朝廷作歌數百篇。上皇豫遊召白，白時爲貴門邀飲，比至半醉，令制「出師詔」，不草而成，許中書舍人。以張垍讒逐，遊海、岱間，年五十餘尚無祿位。祿位拘常人，橫海鯤，負天鵬，豈池籠榮之？顥始名萬，次名炎，萬之日不遠命駕江東訪白，遊天台，還廣陵見之，眸子炯然，哆如餓虎，或時束帶，風流醞籍。曾受道籙於齊，有青綺冠帔一副。少任俠，手刃數人。與友自荊徂揚，路亡權窆，迴棹方暑，亡友糜潰，白收其骨，江路而舟。又長揖韓荊州，荊州延飲，白誤拜，韓讓之，白曰：酒以成禮。荊州大悅。白始娶於許，生一女一男，曰明月奴，女既嫁而卒。又合於劉。劉訣，次合於魯一婦人，生子曰頗黎，終娶於宋。間攜昭陽、金陵之妓，迹類謝康樂，世號爲李東山，駿馬美妾，所適二千石郊迎，飲數斗醉，則奴丹砂撫「青海波」，滿堂不樂，白宰酒則樂。顒平生自負，人或爲狂，白相見泯合，有贈之作，謂余爾後必著大名於天下，無忘老夫與明月奴。因盡出其文，命顒爲集。顒今登第，豈符言耶！解攜明年，四海大盜，宗室有潭者，白陷焉。謫居夜郎，罪不至此，屢經昭洗，朝廷忍白久爲長沙汨羅之儔，路遠不存，否極則泰，白宜自寬。吾觀白之文義，有濟代命，然千鈞之弩，魏王大瓠，用之有時。議者奈何以白有叔夜之短，儻黃祖過禰，晉帝罪阮，古無其賢。所謂仲尼不假蓋於子夏。經亂離，白章句蕩盡，上元末，顒於絳偶然得之。沉吟累年，一字不下。今日懷舊，援筆成序，首以贈顒作，顒酬白詩，不忘故人也。次以「大鵬賦」、古樂府諸篇積薪而錄，文有差互者兩舉之。白未絕筆，吾其再刋。付男平津子掌。其他事迹，存於後序。

滄海叢刊已刊行書目（八）

書名	作者	類別
文學欣賞的靈魂	劉述先	西洋文學
西洋兒童文學史	葉詠琍	西洋文學
現代藝術哲學	孫旗譯	藝術
音樂人生	黃友棣	音樂
音樂與我	趙琴	音樂
音樂伴我遊	趙琴	音樂
爐邊閒話	李抱忱	音樂
琴臺碎語	黃友棣	音樂
音樂隨筆	趙琴	音樂
樂林蓽露	黃友棣	音樂
樂谷鳴泉	黃友棣	音樂
樂韻飄香	黃友棣	音樂
樂圃長春	黃友棣	音樂
色彩基礎	何耀宗	美術
水彩技巧與創作	劉其偉	美術
繪畫隨筆	陳景容	美術
素描的技法	陳景容	美術
人體工學與安全	劉其偉	美術
立體造形基本設計	張長傑	美術
工藝材料	李鈞棫	美術
石膏工藝	李鈞棫	美術
裝飾工藝	張長傑	美術
都市計劃概論	王紀鯤	建築
建築設計方法	陳政雄	建築
建築基本畫	陳榮美 楊麗黛	建築
建築鋼屋架結構設計	王萬雄	建築
中國的建築藝術	張紹載	建築
室內環境設計	李琬琬	建築
現代工藝概論	張長傑	雕刻
藤竹工	張長傑	雕刻
戲劇藝術之發展及其原理	趙如琳譯	戲劇
戲劇編寫法	方寸	戲劇
時代的經驗	汪琪 彭家發	新聞
大衆傳播的挑戰	石永貴	新聞
書法與心理	高尚仁	心理

滄海叢刊已刊行書目(七)

書名	作者	類別
印度文學歷代名著選(上)(下)	糜文開編譯	文學
寒山子研究	陳慧劍	文學
魯迅這個人	劉心皇	文學
孟學的現代意義	王支洪	文學
比較詩學	葉維廉	比較文學
結構主義與中國文學	周英雄	比較文學
主題學研究論文集	陳鵬翔主編	比較文學
中國小說比較研究	侯健	比較文學
現象學與文學批評	鄭樹森編	比較文學
記號詩學	古添洪	比較文學
中美文學因緣	鄭樹森編	比較文學
文學因緣	鄭樹森	比較文學
比較文學理論與實踐	張漢良	比較文學
韓非子析論	謝雲飛	中國文學
陶淵明評論	李辰冬	中國文學
中國文學論叢	錢穆	中國文學
文學新論	李辰冬	中國文學
離騷九歌九章淺釋	繆天華	中國文學
苕華詞與人間詞話述評	王宗樂	中國文學
杜甫作品繫年	李辰冬	中國文學
元曲六大家	應裕康 王忠林	中國文學
詩經研讀指導	裴普賢	中國文學
迦陵談詩二集	葉嘉瑩	中國文學
莊子及其文學	黃錦鋐	中國文學
歐陽修詩本義研究	裴普賢	中國文學
清真詞研究	王支洪	中國文學
宋儒風範	董金裕	中國文學
紅樓夢的文學價值	羅盤	中國文學
四說論叢	羅盤	中國文學
中國文學鑑賞舉隅	黃慶萱 許家鸞	中國文學
牛李黨爭與唐代文學	傅錫壬	中國文學
增訂江皋集	吳俊升	中國文學
浮士德研究	李辰冬譯	西洋文學
蘇忍尼辛選集	劉安雲譯	西洋文學

滄海叢刋已刋行書目(六)

書名	作者	類別
卡薩爾斯之琴	葉石濤	文學
青囊夜燈	許振江	文學
我永遠年輕	唐文標	文學
分析文學	陳啓佑	文學
思想起	陌上塵	文學
心酸記	李喬	文學
離訣	林蒼鬱	文學
孤獨園	林蒼鬱	文學
托塔少年	林文欽編	文學
北美情逅	卜貴美	文學
女兵自傳	謝冰瑩	文學
抗戰日記	謝冰瑩	文學
我在日本	謝冰瑩	文學
給青年朋友的信(上)(下)	謝冰瑩	文學
冰瑩書柬	謝冰瑩	文學
孤寂中的廻響	洛夫	文學
火天使	趙衞民	文學
無塵的鏡子	張默	文學
大漢心聲	張起鈞	文學
回首叫雲飛起	羊令野	文學
康莊有待	向陽	文學
情愛與文學	周伯乃	文學
湍流偶拾	繆天華	文學
文學之旅	蕭傳文	文學
鼓瑟集	幼柏	文學
種子落地	葉海煙	文學
文學邊緣	周玉山	文學
大陸文藝新探	周玉山	文學
累廬聲氣集	姜超嶽	文學
實用文纂	姜超嶽	文學
林下生涯	姜超嶽	文學
材與不材之間	王邦雄	文學
人生小語(一)(二)	何秀煌	文學
兒童文學	葉詠琍	文學

滄海叢刊已刊行書目㈤

書名	作者	類別
中西文學關係研究	王潤華	文學
文開隨筆	糜文開	文學
知識之劍	陳鼎環	文學
野草詞	韋瀚章	文學
李韶歌詞集	李韶	文學
石頭的研究	戴天	文學
留不住的航渡	葉維廉	文學
三十年詩	葉維廉	文學
現代散文欣賞	鄭明娳	文學
現代文學評論	亞菁	文學
三十年代作家論	姜穆	文學
當代臺灣作家論	何欣	文學
藍天白雲集	梁容若	文學
見賢集	鄭彥棻	文學
思齊集	鄭彥棻	文學
寫作是藝術	張秀亞	文學
孟武自選文集	薩孟武	文學
小說創作論	羅盤	文學
細讀現代小說	張素貞	文學
往日旋律	幼柏	文學
城市筆記	巴斯	文學
歐羅巴的蘆笛	葉維廉	文學
一個中國的海	葉維廉	文學
山外有山	李英豪	文學
現實的探索	陳銘磻編	文學
金排附	鍾延豪	文學
放鷹	吳錦發	文學
黃巢殺人八百萬	宋澤萊	文學
燈下燈	蕭蕭	文學
陽關千唱	陳煌	文學
種籽	向陽	文學
泥土的香味	彭瑞金	文學
無緣廟	陳艷秋	文學
鄉事	林清玄	文學
余忠雄的春天	鍾鐵民	文學
吳煦斌小說集	吳煦斌	文學

滄海叢刊已刊行書目(四)

書名	作者	類別
歷史圈外	朱桂	歷史
中國人的故事	夏雨人	歷史
老臺灣	陳冠學	歷史
古史地理論叢	錢穆	歷史
秦漢史	錢穆	歷史
秦漢史論稿	刑義田	歷史
我這半生	毛振翔	歷史
三生有幸	吳相湘	傳記
弘一大師傳	陳慧劍	傳記
蘇曼殊大師新傳	劉心皇	傳記
當代佛門人物	陳慧劍	傳記
孤兒心影錄	張國柱	傳記
精忠岳飛傳	李安	傳記
八十憶雙親 師友雜憶 合刊	錢穆	傳記
困勉強狷八十年	陶百川	傳記
中國歷史精神	錢穆	史學
國史新論	錢穆	史學
與西方史家論中國史學	杜維運	史學
清代史學與史家	杜維運	史學
中國文字學	潘重規	語言
中國聲韻學	潘重規 陳紹棠	語言
文學與音律	謝雲飛	語言
還鄉夢的幻滅	賴景瑚	文學
葫蘆・再見	鄭明娳	文學
大地之歌	大地詩社	文學
青春	葉蟬貞	文學
比較文學的墾拓在臺灣	古添洪 陳慧樺 主編	文學
從比較神話到文學	古添洪 陳慧樺	文學
解構批評論集	廖炳惠	文學
牧場的情思	張媛媛	文學
萍踪憶語	賴景瑚	文學
讀書與生活	琦君	文學

滄海叢刊已刊行書目㈠

書名	作者	類別
國父道德言論類輯	陳立夫	國父遺教
中國學術思想史論叢㈠㈡㈢㈣㈤㈥㈦㈧	錢穆	國學
現代中國學術論衡	錢穆	國學
兩漢經學今古文平議	錢穆	國學
朱子學提綱	錢穆	國學
先秦諸子繫年	錢穆	國學
先秦諸子論叢	唐端正	國學
先秦諸子論叢（續篇）	唐端正	國學
儒學傳統與文化創新	黃俊傑	國學
宋代理學三書隨劄	錢穆	國學
莊子纂箋	錢穆	國學
湖上閒思錄	錢穆	哲學
人生十論	錢穆	哲學
晚學盲言	錢穆	哲學
中國百位哲學家	黎建球	哲學
西洋百位哲學家	鄔昆如	哲學
現代存在思想家	項退結	哲學
比較哲學與文化㈠㈡	吳森	哲學
文化哲學講錄㈠㈡㈢㈣	鄔昆如	哲學
哲學淺論	張康譯	哲學
哲學十大問題	鄔昆如	哲學
哲學智慧的尋求	何秀煌	哲學
哲學的智慧與歷史的聰明	何秀煌	哲學
內心悅樂之源泉	吳經熊	哲學
從西方哲學到禪佛教—「哲學與宗教」一集—	傅偉勳	哲學
批判的繼承與創造的發展—「哲學與宗教」二集—	傅偉勳	哲學
愛的哲學	蘇昌美	哲學
是與非	張身華譯	哲學